Gottfried Zurbrügg (Hrsg.)

Gottes Ohren hören anders

Überraschende Erlebnisse mit dem Gebet

BRUNNEN
VERLAG GIESSEN · BASEL

Umschlagmotiv: Micha Pawlitzki
Umschlaggestaltung: Ralf Simon
Satz: DTP Brunnen
Herstellung: Ebner & Spiegel, Ulm
ISBN 3-7655-3731-4

Inhalt

Gottes Ohren hören anders

Einige Gedanken vorweg

„Herr, hilf mir doch!" Diesen Stoßseufzer kennen Sie bestimmt auch: beim Autofahren, beim Wandern oder als stilles Gebet im Kerzenschein einer Kirche. Aber – ist das wirklich ein Gebet?

Ein Freund von mir sagte neulich: „Ich habe das Gefühl, meine Gebete gehen nur bis zur Zimmerdecke oder bis zum Autodach ..." Ich glaube, jeder von uns hat schon einmal so gedacht.

In diesem Zusammenhang fällt mir eine Geschichte aus dem Neuen Testament ein. Da kommt ein Blinder zu Jesus und fällt vor ihm nieder. Jesus fragt den Kranken: „Was soll ich für dich tun?"

Ist das keine überflüssige Frage? Die Antwort liegt doch auf der Hand. Aber Jesus wartet ab, wie der Mann antwortet.

„Herr, lass mich sehen!", bittet der Blinde – und Jesus schenkt ihm sein Augenlicht wieder. Die Heilung ist kein Zufall, sondern ein erbetenes Geschenk.

„Was soll ich für dich tun?" Genau diese Frage kommt mir stets in den Sinn, wenn ich den Stoßseufzer bete: „Herr, hilf mir doch!"

„Soll ich deine Arbeit tun? Dein Auto lenken? Die Kollegen gut auf das kommende Projekt einstimmen?" – Dann schweige ich beschämt und denke: „Du hast Recht. Meine Arbeit muss ich selber tun. Aber gib mir die Kraft dazu; die Umsicht, an alles zu denken; den Willen, mich durchzusetzen; den Mut, die nötigen Dinge anzusprechen."

Und dann kommt als Antwort auf das Gebet Gottes Friede auf mich – ein Friede, von dem die Bibel sagt, er sei

„höher als alle Vernunft". Das ist wahr. Meine Vernunft ist begrenzt, meine Möglichkeiten ebenfalls, sonst würde ich ja nicht beten: „Herr, hilf mir doch!" Aber dieser Friede ist mehr. Meine Gedanken wirbeln nicht mehr im Kreise, mein Herz schlägt nicht mehr so schnell, mein Körper kommt zur Ruhe. Eine wunderbare Antwort auf ein Gebet.

Trotzdem brauchen wir manchmal mehr. Ich denke an die Zeit, als unsere Kinder klein waren. Da sind wir im Urlaub oft in die Berge gefahren und begeistert auf die Gipfel gestiegen. Es konnte den Kindern gar nicht steil genug sein, aber manchmal überkam sie doch die Angst, und dann streckte sich mir eine kleine Kinderhand entgegen und bat stumm: „Halte mich! Jetzt habe ich mir doch mehr zugetraut, als ich schaffen kann!"

Dann habe ich die Hand genommen und den dankbaren Druck gespürt. Vater war da und konnte im Notfall wirklich helfen. Das gab den Kindern Mut, auch eigene Wege zu gehen. Schnell haben sie meine Hand wieder losgelassen, wenn sie sich sicher fühlten. Aber dieses ganz kleine Zeichen – „Ich bin bei dir!" – half über die Angst hinweg.

Solch ein Zeichen möchte ich manchmal auch von Gott bekommen. Und ich glaube, dass wir ihn ruhig hin und wieder darum bitten dürfen.

In meinem Leben gab es Zeiten, in denen ich viele Gebetserhörungen erlebt habe, aber sie waren oft ganz anders, als ich gedacht hatte. Gottes Stimme kann man hören als eine leise Stimme in uns. Sie ist dem Gewissen ähnlich, aber es ist nicht oder nicht nur die Stimme des Gewissens. Es ist eine leise Stimme, die uns mahnt, wenn wir den richtigen Weg verlassen wollen oder wenn andere Menschen Hilfe brauchen.

Warum ist die Stimme so leise und so leicht zu überhören? Das habe ich von Stefanie in der Schule für Körperbehinderte gelernt. Stefanie ist Spastikerin und kann nur im Rollstuhl sitzen. Aber sie nimmt ihre Welt mit sehr wachen Augen und Ohren wahr und hat ein goldenes Herz.

Ich war vorher Lehrer an einer Realschule und kannte nur den Umgang mit den Jugendlichen dort. Natürlich sprach ich in der neuen Schule viel zu laut und zu energisch. Stefanie zuckte dann zusammen und bat: „Wenn du so laut sprichst, kann ich dich nicht verstehen."

„Aber Stefanie", sagte ich – schon viel leiser. „Dann kannst du mich doch viel besser hören."

„Dann höre ich nur die Worte", widersprach sie, „aber nicht, was du sagst."

Im Umgang mit Stefanie begriff ich: Sie wollte nicht nur die Worte hören, sondern auch meine Gefühle mitbekommen. Worte können täuschen, niederschreien. Was *wirklich* gesprochen wird, kann nur die leise Stimme sagen.

Seitdem höre ich auf die leise Stimme, die mich führt und mir Wege geöffnet hat, an die ich vorher nie gedacht hätte.

Viele Erlebnisse haben mich im Laufe der Jahre begleitet – und immer wieder bemerkte ich in meinem Leben – aber auch in dem Leben anderer Menschen – Gottes Hand. Auf Tagungen, Treffen und nach Gottesdiensten wurde ich von Frauen und Männern angesprochen: „Herr Zurbrügg, was Sie erzählen, kenne ich auch."

Dann hörte ich von Erlebnissen, die klein und bescheiden waren, aber auch von Gebeten, die „Berge versetzen konnten".

Ich habe die Menschen gebeten, ihre Erlebnisse aufzuschreiben, und so wurde ein Buch daraus. Ein Buch, das Mut machen will, auf Gottes Stimme zu hören und Gottes Handeln im eigenen Leben zu erkennen.

Unser Gott ist ein lebendiger Gott, der darauf wartet,

dass wir uns ihm zuwenden und ihn bitten: „Herr, hilf mir doch!“ Versuchen Sie es – so unvollkommen und einfach, wie es aus dem Herzen kommt. Sie werden ganz gewiss Antwort bekommen.

Gottfried Zurbrügg

In der Wutachschlucht

Auf meinem Weg zur Arbeit musste ich eine Zeitlang täglich durch den Schwarzwald fahren. Die Straße führte zum Teil durch sehr einsame Gegenden, und mir war bewusst, dass man auf einer solchen Strecke auch einmal liegen bleiben kann. Dann ist man auf die Hilfe anderer Menschen angewiesen. Wie gut, wenn dann jemand anhält.

Andererseits kann es aber auch gefährlich sein, einen Anhalter mitzunehmen. Die Zeitungen und Nachrichten sind voll davon! Deshalb betete ich in dieser Zeit häufig: „Lieber Gott, lass mich wissen, wen ich mitnehmen soll. Ich möchte auf meinen Fahrten durch den Wald den Menschen helfen, die es brauchen. Aber ich will mich nicht in Gefahr bringen."

Mit dieser Einstellung fuhr ich, wie gesagt, täglich durch den Schwarzwald – unter anderem durch die Wutachschlucht und an der dortigen Mühle vorbei. Mehrfach habe ich dort Anhalter mitgenommen, aber einmal hatte ich ein ganz besonderes Erlebnis. Ich erinnere mich noch heute daran, als sei es gestern gewesen.

Als ich mich der Wutachmühle näherte, standen dort an der Bushaltestelle zwei Wanderer, ein Mann und eine Frau. Sie waren schon älter und sicher nicht mehr gut zu Fuß. Mir fiel ein, dass der letzte Bus längst gefahren sein musste, und ich überlegte einen Augenblick, wie sie von dort wohl weiterkommen würden.

Plötzlich drehte sich die Frau zu mir um. Ihre Lippen formten Worte, die ich natürlich nicht hören konnte. Im selben Augenblick sagte mir eine innere Stimme unmissverständlich: „Nimm die beiden mit!"

Die Worte waren so deutlich, dass ich voll auf die Bremse trat und den Wagen zum Stehen brachte. Dann stieg ich aus und wandte mich an das Ehepaar.

„Darf ich Sie bis zur Schattenmühle mitnehmen?“, fragte ich.

„Wer schickt Sie?“, fragte die Frau und sah mich misstrauisch an.

„Niemand schickt mich“, sagte ich. „Oder vielleicht doch: Als ich Sie nämlich an der Haltestelle stehen sah, da sagte mir eine innere Stimme: ‚Nimm die beiden mit!‘“

Ich musterte die beiden. Kam ihnen das mit der Stimme nicht allzu komisch vor?

Nein, der Mann und die Frau wechselten einen kurzen Blick. Dann sagte die Frau kopfschüttelnd: „So eine plötzliche Gebetserhörung habe ich noch nie erlebt! Sie müssen wissen, ich habe nämlich gerade ein Stoßgebet gesprochen, als Sie vorbeikamen: ‚Bitte lass diesen Wagen nicht auch vorbeifahren‘, habe ich gesagt. Und in dem Moment hielten Sie auch schon an ...“

„Dann weiß ich auch, wo die innere Stimme herkam“, meinte ich schmunzelnd. Wir sprachen während der Fahrt noch über Gebete und Gebetserhörung – und ein tiefer Friede erfüllte uns. Ein Friede, der mir sagte, dass dieses Erlebnis mehr als nur ein Zufall gewesen war.

Gottfried Zurbrügg

Mitten im Sturm

Am ersten Weihnachtstag 1999 besuchte uns meine Schwester. Gemeinsam wollten wir am nächsten Tag zu unseren Eltern nach Neusatz fahren und dort Weihnachten feiern.

Gegen 11.30 Uhr machten wir uns – in weihnachtlicher Stimmung – zu siebt von Pforzheim aus auf den Weg.

„Oh, das ist ernst!", kommentierte ich die starken Windböen nach einem kurzen Tankstopp in Birkenfeld. Ich schätzte die Windgeschwindigkeit auf mindestens 120 Stundenkilometer. Weitere Konsequenzen kamen mir jedoch nicht in den Sinn. Auch nicht, als ich zwischen Neuenbürg und Schwann zweimal anhalten musste, um ein größeres Gebüsch aus dem Weg zu räumen.

Am beliebten Aussichtspunkt „Schwanner Warte" bog ich arglos in eine kleine Waldstraße ein. Genau in diesem Moment drang ein Wort – deutlich gesprochen – in meinen Geist: „Sie werden fallen zu deiner Rechten und deiner Linken, doch dich wird es nicht treffen!" Dies überwältigte mich zu Tränen. „Stimmt das, Jesus?", fragte ich

„Ja, das stimmt!", lautete umgehend die Antwort.

Ohne weiter über dieses Erlebnis nachzudenken, setzte ich die Fahrt fort. Einem entgegenkommenden Fahrer, der mich wegen eines bereits quer liegenden Baumes vor der Weiterfahrt warnen wollte, schenkte ich keinen rechten Glauben. Ich wollte mich selbst vor Ort von der Situation überzeugen.

Die Stelle, wo der Baum die Fahrbahn blockierte, war nur wenige hundert Meter entfernt. Ein Blick auf die Unfallstelle bestätigte mir die Unsinnigkeit meiner Annahme, wir könnten vielleicht gemeinsam mit den dort Wartenden den Baum von der Straße räumen. Ich wendete. Ein Golffahrer folgte mir.

Kaum waren wir wieder einigermaßen in Fahrt gekommen, da stürzte direkt vor uns eine jüngere, buschige Tanne auf die Straße und versperrte die Weiterfahrt. (Ich nenne sie heute „Gottes gnädige Tanne".) Wieder hieß es: Stopp! Ich wendete erneut und fuhr Schritttempo, doch im nächsten Moment fiel eine gewaltige Kiefer nur wenige Meter vor uns krachend auf die Straße. Damit waren wir „gefangen gesetzt".

Jetzt erst verstand ich die Worte, die ich gehört hatte, und sprach sie – für alle im Wagen – laut aus. In der folgenden Stunde sahen wir gut zehn dieser schönen alten Baumriesen, wie sie sich dem Orkan ergaben und dann mit dumpfem Knall auf die Straße krachten. Auf einem Abschnitt von etwa 70 Metern war die Fahrbahn dicht bedeckt.

Georg, der Golffahrer, hatte eine „Heidenangst". Weder sein Handy noch seine 80-Kanal CB-Funkanlage funktionierten. Mit einem Hinweis auf meine gefalteten Hände und die „biblische Notrufnummer" (Psalm 50,15) lud ich ihn in unser Auto. „Rufe mich an in der Not" – ja, das wollten wir tun. Petra, meine Frau, holte die Gitarre heraus, und wir sangen ein paar Lieder. Unsere vier Kinder waren ganz „relaxed". So erlebten wir mitten im Sturm den „Frieden Gottes, der höher ist als alle Vernunft".

Meine Schwester und Georg waren nach dem vermeintlichen Abflauen des Sturmes nicht mehr zu halten. Gegen 14.30 Uhr machten sie sich auf den Weg, um sich zu Fuß nach Neusatz durchzuschlagen. Auf die Verwicklungen in Folge möchte ich nicht weiter eingehen.

Ohne Radio und damit ohne Informationen über die Außenwelt, entschloss ich mich bis ca. 16.30 Uhr abzuwarten. In jedem Fall wollten wir vor Anbruch der Dunkelheit den „schwarzen Wald" verlassen haben. Unser Gebet um Weisheit wurde erhört. Zwei Männer kamen mit den Worten auf uns zu: „Wir helfen Ihnen mit den Kindern!" Sie lieferten uns Informationen über die Geschehnisse im Umkreis. Ein eindrucksvoller Anschauungsunterricht war dann der 4 Kilometer lange Rückweg durch einen wie umgepflügten Wald. Spätestens jetzt wurde uns klar, welch wunderbare Bewahrung wir erlebt hatten!

Dass wir von unseren Helfern bis vor die Haustür gebracht wurden und dann schon um 18 Uhr zu Hause waren, empfanden wir als richtig liebe Dreingabe von unserem himmlischen Vater.

Joachim Mall

Ein Wort mit Langzeitwirkung

An meine Konfirmandenzeit habe ich eher langweilige Erinnerungen. Aber der Bibelspruch, den ich im feierlichen Konfirmationsgottesdienst vom Pfarrer zusprochen bekam – der saß:

„Befiehl dem Herrn deine Wege und hoffe auf ihn, er wird's wohlmachen“ (Psalm 37,5).

Ich hatte gleich den Eindruck: Dieses Wort ist ein guter Begleiter für dich.

Zwei Jahre später suchte ich eine Lehrstelle. Zum ersten Mal waren nach dem Krieg die Lehrstellen knapp. In der Situation fiel mir wieder mein Konfirmationsspruch ein. Ich betete: „Herr, ich vertraue darauf, dass du mir eine Stelle gibst.“

Und tatsächlich: Ohne größere Schwierigkeiten bekam ich eine Stelle im Pforzheimer Rathaus als Anwärter für die mittlere Beamtenlaufbahn.

Am Anfang war alles neu und interessant für mich. Doch ich merkte schnell: Die korrekte Verwaltungsarbeit mit der gewissen Monotonie kann ich mir auf Dauer schlecht vorstellen. Dazu bin ich von meinem Wesen her zu kreativ. War es also ein falscher Weg, den ich eingeschlagen hatte?

Nach der Ausbildung bekam ich eine interessante Stelle angeboten: Ich war zuständig für Obdachlose und Katastrophenschutz – eine Arbeit mit viel Außendienst und alles andere als langweilig.

Zwei Jahre später hatte ich wieder ein Tief. War dies wirklich der richtige Weg? Eines Tages kam ein Freund vorbei und erzählte mir, er habe sich auf eine Stelle für Öffentlichkeitsarbeit beim Kirchengemeindeamt beworben. Mein Herz schlug höher, denn schon immer habe ich gern geschrieben.

Ich erkundigte mich auch nach der Stelle und hatte den Eindruck, dass sie mir zusagen würde. Sollte ich mich also bewerben und damit meinem Freund Konkurrenz machen? Das ging natürlich nicht. Ich sagte ab. Und zu Gott sagte ich: „Wenn du willst, dass ich die Stelle bekommen soll, dann muss das gehen, ohne dass ich meinem Freund in die Quere komme."

Mein Freund bekam die Stelle.

Zwei Wochen später rief mich der Personalleiter des Kirchengemeindeamtes an: „Wissen Sie, dass Ihr Freund von der Stelle zurückgetreten ist?"

Noch in der gleichen Woche konnte ich mich vorstellen und bekam die Stelle. Ich lernte, zu formulieren und Artikel zu schreiben und hatte viel Spaß an der Arbeit.

Wieder fünf Jahre später. Inzwischen hatte ich mich gut eingelebt. In der Freizeit machte ich Jugendarbeit. Dabei wurde mir immer deutlicher, dass mein Herz für die Gemeindearbeit schlug. Auf einem missionarischen Kongress durchblätterte ich das Liederbuch. Auf der vorletzten Seite fiel mir eine Anzeige der Bibelschule Adelshofen auf. Und mich durchzuckte der Gedanke: „Das ist es. Geh mal hin und schau es dir an."

Eine Woche später war ich zum Informationsgespräch eingeladen. Und ein Vierteljahr später fing ich die zweite Ausbildung an. Ich habe die Zeit des Studiums sehr genossen. Ich merkte: Das ist für mich der richtige Weg!

Nach der Ausbildung begann ich meine Arbeit als Gemeindediakon. Eigentlich ein Zick-Zack-Weg. Für mich aber ein Weg unter dem Motto: „Befiehl dem Herrn deine Wege."

Ich musste den nächsten Schritt nicht lange im Voraus wissen. Es ist nur wichtig, dass ich Christus vertraue. Wenn er einen Weg zeigt, dann gibt er auch Kraft für den oft nicht einfachen Anfang.

Mein Konfirmationsspruch hat – zumindest in meinem Leben – Langzeitwirkung gezeigt und mir oft im richtigen Moment geholfen, Gott zu vertrauen.

Lothar Eisele

Per Anhalter

Vor einiger Zeit war ich mit dem Bus in der Stadt zu einem Arzttermin. Ich hatte nur wenig Zeit und wartete an der Straße auf eine Rückfahrgelegenheit. Kein Autofahrer hielt an. Es fing an zu regnen, ich fror und war sehr ungeduldig.

Als das fünfte Auto vorbeifuhr, betete ich: „Gott, lass doch bitte das nächste Auto anhalten. Ich muss zur Arbeit und die Zeit ist knapp, außerdem ist mir kalt. Bitte, Gott, du hast versprochen, da zu sein und mir zu helfen, wenn ich dich bitte."

Der nächste Wagen, der vorbeikam, hielt an, und ich stieg ohne Zögern dankbar ein. Nach einigen Kilometern wurde der Fahrer zudringlich. Er legte seine Hand auf mein Knie und stellte dumme Fragen nach meinem Zuhause, und ob ich am Abend Zeit hätte ... Mir wurde ganz mulmig zumute.

Ich schrie innerlich: „Jesus, baue eine Mauer um mich! Schütze mich vor diesem Mann!" Sofort spürte ich Gottes

Nähe wie einen Schutzmantel um mich herum. Ja, Gott war da.

Ganz ruhig sagte ich: „Danke, dass Sie angehalten haben. Sie sind eine Gebetserhörung, wissen Sie! Ich habe nämlich zu Gott gebetet, dass ein Auto anhält – und Sie sind stehen geblieben und haben mich mitgenommen.“

Der Mann zog seine Hand so schnell zurück, als ob er sich verbrannt hätte. Am Ortseingangsschild hielt er an und ließ mich aussteigen. Mit zitternden Knien und dankbarem Herzen lief ich nach Hause. Eins habe ich mir vorgenommen: Beim nächsten Gebet werde ich Gott keine Vorschriften mehr machen. Dass er mich trotzdem beschützt hat, macht mich sehr froh.

Gerlinde Jung

Sturmstillung

Als Kind war ich oft an der Nordsee. Ich liebte es besonders, wenn ich einmal mit dem Krabbenkutter hinausfahren durfte. Wie die Fischer im Kutter – mit Ölzeug und Südwester –, so ähnlich stellte ich mir auch die Jünger Jesu vor. Allen voran der kräftige Petrus, dem auch im stärksten Sturm die Pfeife nicht ausging ... Unser Kapitän lachte nur, wenn die Gischt am Bug hochschlug und uns Kindern Wasser ins Gesicht schüttete. Er lachte auch dann noch, wenn wir uns angstvoll festhielten und am Mast festgebunden wurden, um nicht über Bord zu fallen. Ein richtiger Sturm war das aber noch lange nicht.

Die Jünger waren Fischer und kannten sich mit Stürmen aus. Was muss das für ein fürchterlicher Sturm gewesen sein, von dem uns die Bibel berichtet, dass erfahrene

Fischer vor Angst schreien! Und Jesus schläft im Boot ... Der muss Nerven haben!

Gerade deshalb gefiel mir die Geschichte von der Sturmstillung so gut. Ein Wort von Jesus, und der Sturm schweigt. Welch eine Macht über die Naturgewalten.

Vor zwei Jahren fuhren wir ins Heilige Land, und alles war ganz anders:

Spät abends kamen wir in Tel Aviv an und fuhren mit dem Bus in den Sonnenuntergang hinein. Ich muss wohl eingeschlafen sein, denn plötzlich weckte mich die Stimme der Reiseleiterin: „Dort unten liegt das Galiläische Meer."

Ich schaute aus dem Fenster. Tief unter uns lag im Mondlicht ein großer See. An den Hängen der einen Seite zogen sich die Lichter hoch bis fast an die Berggipfel, an der anderen Seite war alles dunkel.

Sie muss unsere Fragen geahnt haben.

„Das Helle ist die israelische Seite", sagte sie mit einem leichten Trotz in der Stimme, als hätten wir ihr einen Vorwurf gemacht. Ich war fasziniert von dem dunklen Blau des Sees, in dem sich das Mondlicht spiegelte. Dies war also der See, auf dem Jesus den Sturm gestillt hatte, an dessen Ufer er predigte – und wir durften tatsächlich im Heiligen Land sein!

In steilen Kurven fuhren wir bis ans Ufer heran und übernachteten im Kibbuz Ginozar. Abends gingen wir noch einmal am See entlang und über einen Steg weit ins Wasser hinein. Die Frösche quakten, Fische sprangen, und der Mond spiegelte sich auf der Wasserfläche.

Am nächsten Morgen fuhren wir mit einem Schiff, das den Fischerbooten zur Zeit Jesu nachgebildet war, auf den See hinaus. Ich saß bequem an der Reling und ließ eine Hand durch das warme Wasser gleiten. Der See lag spiegelglatt und völlig ruhig da. Ja, so konnte ich mir vorstellen, dass Jesus im Schiff lag und schlief. Dort drüben am

Ufer von Tiberias hatte er den ganzen Tag zu den Menschen geredet. Nun musste er selbst auftanken.

Auch mich überkam eine wohlige Müdigkeit. Der Motor tuckerte leise, und wir glitten über den See. Damals schlugen die Ruder der Jünger rhythmisch in das Wasser ...

Plötzlich war alles anders. Ich schreckte hoch. Der Motor schwieg und wir trieben ohne Antrieb über den See.

Die Reiseleiterin stand auf und ging zum Bug. Dort stellte sie sich auf einen Stuhl und sagte: „Der See ist nicht immer so ruhig wie jetzt. Auch wenn Sie es kaum glauben wollen, von den Bergen können plötzliche Fallwinde kommen und ein kleines Schiff wie unseres in große Gefahr bringen."

Wie zur Bestätigung ihrer Worte kam aus dem heiteren, blauen Himmel ein Wind herunter, fuhr in den See hinein, dass hohe Wellen aufschlugen. Unser Boot schaukelte hin und her. Die Reiseleiterin sprang vom Stuhl und hielt sich nervös am Mast fest. Doch so schnell, wie die Wogen entstanden waren, glättete sich der See wieder.

Die Reiseleiterin nahm eine Bibel und kam zu mir.

„Hier, lesen Sie bitte", sagte sie. Es war die Geschichte von der Stillung des Sturms. Ich ging nach vorn zum Bug, nahm die Bibel und las.

„Und er trat in das Schiff, und seine Jünger folgten ihm. Und siehe, da erhob sich ein großes Ungestüm im Meer, so dass auch das Schiff von Wellen bedeckt war. Und er schlief. Und die Jünger traten zu ihm und weckten ihn und sprachen: Herr, hilf uns, wir verderben! Da sagte er zu ihnen: Ihr Kleingläubigen, warum seid ihr so furchtsam? Und stand auf und bedrohte den Wind und das Meer. Da ward es ganz stille. Die Menschen aber verwunderten sich und sprachen: Was ist das für ein Mann, dass ihm Wind und Wellen gehorsam sind?" (Matthäus 8, 23-27)

Nach der Lesung war es eine Weile ganz still. Jeder hing seinen Gedanken nach. Mir kamen die Kindheitsvorstellungen in den Sinn von den Seeleuten und dem tosenden Meer. Alles war ganz anders und doch nicht weniger eindrucksvoll.

Ganz still war der See, und plötzlich, ohne jede Vorwarnung, schwebten die Jünger in Lebensgefahr. Sie kannten ihren See und wussten um die Gefahren. Deshalb waren sie ängstlich, als ihr Schiff voll Wasser schlug.

Gerät nicht auch unser Lebensschiff plötzlich und ohne jede Vorwarnung in Bedrängnis, überlegte ich. Wenn es einmal im Leben stürmt und der Stress und die Arbeit kaum noch zu schaffen sind, dann kann ich trotzdem mit Mut und Kraft mein Schiff steuern, ohne dass mir die Pfeife ausgeht. Aber die großen Katastrophen – sie kommen ohne Vorwarnung. Ein Autofahrer, der nicht aufpasst; eine unbedachte Bewegung am Steuer; ein Hustenanfall, der zum Arztbesuch zwingt, und die Diagnose lautet „Krebs"; der unerwartete Tod eines Angehörigen oder lieben Freundes. Das sind Situationen, in denen das Lebensschiff in Gefahr kommt und zu sinken droht. Es ist gut zu wissen, dass man dann beten kann: „Herr, stille du den Sturm!"

Selten wird er uns die Schwierigkeiten ganz aus dem Weg räumen. Manchmal wird es auch nur „ganz stille", wie es in der Bibel heißt. Frieden kommt in das Herz und damit auch die Ruhe, das Schiff zu steuern oder treiben zu lassen, wenn es nicht anders geht. Die Stille, der Frieden – er ist die häufigste und schönste Antwort auf mein Gebet.

Unser Schiff glitt immer noch, wie von unsichtbarer Hand getrieben, durch die spiegelglatte Oberfläche des Sees. Nichts erinnerte mehr an die Gefahr, die eben noch dem Schiff drohte. Der Motor sprang an, und sein gleichmäßiges Tuckern hallte über den See. Mit sicherer Hand führte der Kapitän das Schiff auf Kapernaum zu.

Gottfried Zurbrügg

Die Autotür

Mein Mann und ich beten regelmäßig für unsere erwachsenen Kinder, weil wir nun nicht mehr täglich mit ihnen zusammen sind. Die Gewissheit, dass Gott unsere Kinder nie aus den Augen verliert, macht uns ruhig und gelassen. Die folgende kleine Begebenheit ist für mich ein Hinweis darauf, dass unsere Gebete nicht ungehört verhallen.

Unsere Tochter Monika befand sich mit dem Wagen auf der Heimfahrt. Vor dem Haus blieb sie noch eine Weile im Auto sitzen, um ein Lied im Radio zu Ende zu hören. Noch ganz in Gedanken wollte sie aussteigen und fasste nach dem Türgriff. Doch die Autotür klemmte und ließ sich nicht öffnen.

In diesem Augenblick raste ein Fahrzeug mit überhöhter Geschwindigkeit und viel zu nah an ihrem Wagen vorbei. Sie ließ den Türgriff los und sank erschrocken auf ihren Sitz. Einige Minuten später, als sie sich etwas beruhigt hatte, ließ sich die Autotür ohne Probleme öffnen, und sie konnte aussteigen.

Für mich gibt es nur eine Erklärung: Gottes Engel sind überall. Sie haben die Autotür zugehalten, um einen Unfall zu verhindern. Unsere Gebete werden erhört.

Gerlinde Jung

„Diesmal geht es um echte Schafe"

Unsere Landwirtschaft haben wir verkleinert und das meiste Land verpachtet. Nur noch wenige Schafe sind übrig geblieben, die wir auf Weiden mit Elektrozäunen halten. Sie müssen aber von Zeit zu Zeit umgetrieben werden.

An einem Morgen war es wieder einmal soweit. Die Schafe hatten das Gras bis auf die Narbe abgefressen und mussten zu einem neuen Weideplatz gebracht werden. Ich nahm einen Eimer mit Futter und einen langen Stock. Ein Junge aus dem Dorf half mir. Wir öffneten den Zaun und trieben die Schafe auf die Straße hinaus. Meine Schafe kennen mich, und ich habe mit ihnen keine Schwierigkeiten. Es sei denn ...

Wir zogen durch das Dorf, und die Schafe folgten mir, wie ich es gewohnt war. Die Zeit war günstig; kaum ein Auto fuhr die Dorfstraße entlang. Da passierte es: An einem Hof sprang ein Hund ans Tor und kläffte die Schafe an. Erschrocken sprangen die Tiere an mir vorbei und liefen ins Dorf zurück. Kein Rufen und kein Pfeifen konnte sie aufhalten. Der Junge lief gleich hinterher, konnte sie aber auch nicht mehr einholen.

Anschließend suchten wir unsere Tiere überall im Dorf, aber niemand hatte die Schafe gesehen. Also holte ich mein Auto und fuhr das ganze Wiesengelände von Lieblos bis zu den angrenzenden Ortschaften ab. Die Schafe blieben spurlos verschwunden!

Mutlos fuhr ich wieder heim und ging in meine Kammer. Dort kniete ich nieder und bat Jesus um Hilfe.

„Du bist der gute Hirte", sagte ich. „Diesmal geht es um echte Schafe. Ich habe sie überall gesucht und nicht gefunden. Du weißt, wie sehr wir die Schafe für unseren Hof brauchen. Ich weiß keinen Rat mehr." Dann stand ich auf und rief bei der Gemeindeverwaltung und bei der Polizei an.

„Wir werden einen Streifenwagen losschicken", versprach der Beamte.

Ich ging meiner Arbeit nach, aber die ganze Zeit dachte ich an meine Schafe. Wo mochten sie sein? Hoffentlich war ihnen nichts zugestoßen. Der Gedanke war unerträglich.

Endlich ging das Telefon. Es war die Polizei: „Ihre Schafe sind bei den Wohnblöcken der Amerikaner in Gelnhausen."

Rasch fuhr ich mit dem Auto zu der angegebenen Stelle. Leider vergeblich: Als ich an den Wohnblocks ankam, waren die Schafe schon wieder fort. Niemand konnte mir sagen, wo sie hingegangen waren.

Traurig kehrte ich nach Hause zurück. Wurde mein Gebet nicht erhört? Es ging doch um die Schafe und meine Existenz. Doch kaum war ich im Haus, da meldete sich die Polizei erneut: „Die Schafe sind an der Westspange!"

So schnell es ging, fuhr ich dorthin. Aber als ich ankam, war kein Schaf zu sehen.

Am Abend kam mir eine Idee. Konnte es sein, dass sich die Tiere einer anderen Herde angeschlossen hatten? Schafe brauchen bekanntlich einen Hirten, und sie sind Herdentiere, sonst fühlen sie sich nicht wohl. Das wäre eine Möglichkeit! Umgehend rief ich einen Schäfer in Gelnhausen an.

Tatsächlich, ich hatte Glück. Der Schäfer sagte: „Jawohl, bei mir stehen einige Schafe, die mir nicht gehören."

Voller Hoffnung fuhr ich mit einem Anhänger zu seiner Weide. Und wirklich: meine Tiere standen dort bei den anderen. Als ich sie rief, kamen sie mir sofort entgegen. Mein Gebet war also doch erhört worden.

Über vier Kilometer waren die Schafe gelaufen – mitten durch den Autoverkehr mit Ampelanlagen. Ob meine Schafe die Verkehrszeichen und Bedeutung von roten und grünen Ampeln kennen? Ich weiß es nicht.

Ich kann nur sagen: „Preist den Herrn, der nicht nur Menschen bewahrt, sondern auch Schafe!" Wie leicht hätte da ein Unglück passieren können.

Heinrich Bender

Herzenswärme

Verliebt, verlobt, verheiratet – so war es also doch noch wahr geworden: Mit 38 Jahren hatte ich den Mann kennen gelernt, den ich auch heiraten wollte. Ich hatte einen gut bezahlten Job bei einer Versicherung, eine Eigentumswohnung, hatte eine Gemeinde, in der ich mich wohl fühlte. Ich sang in einem christlichen Projektchor mit, konnte in meiner Freizeit viel mit meinen Bekannten unternehmen, bis ... ja, bis ich Martin kennen lernte. Er hatte dunkle Haare und wunderschöne Augen. Und – das war mir sehr wichtig – er war ein gläubiger Mann.

Es war zunächst eine Wochenendbeziehung, denn er war Schreiner und Nebenerwerbslandwirt. Welch ein Wort: „Nebenerwerbslandwirt"! Das klang für mich, als ob man die Landwirtschaft nur so „nebenher" betreibt. Dass es in Wirklichkeit anders war, merkte ich erst richtig, als ich dann zu ihm zog. Ich gab meinen Job auf, vermietete meine Eigentumswohnung, verabschiedete mich von meinen Freunden und zog drei Wochen vor unserer Hochzeit in den Südschwarzwald.

Meine Verwandtschaft, einige Freunde und Bekannte schüttelten damals den Kopf über meine Handlungsweise. Wie konnte man nur alles aufgeben und an einem anderen Ort neu anfangen? Aber wie heißt das Sprichwort? Wo die Liebe hinfällt, da bleibt sie liegen ...

Der Anfang in meinem neuen Zuhause wurde wirklich viel schwieriger, als ich gedacht hatte. Einige Wochen vor meinem Umzug war Martins Vater gestorben. Ich kam also in ein Trauerhaus. Weder meine Schwiegermutter, die tagsüber bei uns war (ihre eigentliche Wohnung hatte sie im Nachbarhaus), noch Martin, noch ich selbst konnten uns in dieser Situation so richtig auf die bevorstehende

Hochzeit freuen. Die Renovierungsarbeiten im Haus mussten wegen des Todesfalles großenteils abgebrochen werden. Nun hing die ganze Arbeit des landwirtschaftlichen Betriebes allein an Martin.

Einige Tage nach meiner Ankunft wurde auch ich eingeführt. Von nun an hatte ich es zweimal täglich mit 30 Rindviechern und 6 Schweinen zu tun. Schon nach kürzester Zeit bekam ich beim Füttern und Entmisten Kreuzschmerzen. Nebenbei musste ich natürlich meine Sachen aus den Umzugkartons in unser gemeinsames Haus räumen.

Etwa drei Wochen nach der Hochzeit begann für mich die Arbeit auf dem Feld. Silo machen, heuen, Stroh pressen ... Ich half, so gut ich konnte. Diese Tätigkeiten waren eine vollkommen neue Erfahrung für eine Beamtentochter – und natürlich körperlich sehr anstrengend. Nein, so hart hatte ich mir das Ganze nicht vorgestellt!

Im Spätsommer kam dann noch das Kartoffel-Roden und der Verkauf der Kartoffeln hinzu. Meine Schwiegermutter, selbst mit 15 Geschwistern auf dem Bauernhof groß geworden, merkte bald, dass es mir zu viel wurde. Ich hatte oft Schmerzen in den Armen, im Kreuz, war müde, abgespannt, fix und fertig.

Tagsüber war Martin nicht da. Er kam nur zum Mittagessen für eine Stunde heim, ansonsten war ich mit meiner Schwiegermutter allein, die um ihren Mann trauerte und mir nebenbei noch das Kochen beibringen wollte. Immer wieder gab es Spannungen zwischen uns, weil jede von uns es eben so machen wollte, wie sie es für richtig hielt. Natürlich wünschte ich mir auch, mehr Freizeit mit meinem Mann zu verbringen. Aber das war nicht möglich. Die ganze Zeit, wenn er zu Hause war, arbeitete er als Nebenerwerbslandwirt; sogar während der drei Wochen Haupturlaub!

Ich wurde immer unzufriedener. Kurz darauf wurde ich dann „auch noch“ schwanger. Eigentlich ein Grund zum

Freuen! Aber die Schwangerschaft machte mir körperlich schwer zu schaffen – und das kam zu den anderen Eingewöhnungschwierigkeiten noch hinzu. Martin wollte mir bei all dem helfen, war lieb und nett. Aber es half mir wenig. Mein körperliches und seelisches Wohlbefinden sank auf den absoluten Nullpunkt.

Mittlerweile war es Winter geworden, und in der Landwirtschaft war erheblich weniger zu tun. Dafür gehörte nun das Heizen zu meinen Aufgaben.

In unserer Küche befand sich ein Ofen aus dem Jahr 1952. Wollten wir es dort warm haben, musste er mit Holz gefeuert werden. Manchmal gelang es mir gut, und das Feuer brannte. Es wurde gemütlich warm in der Küche. Oft genug war dies aber nicht der Fall. Ich machte morgens das Frühstück und kämpfte jeden Tag erneut mit dem Ofen.

An einem Morgen war ich wegen der ganzen Situation auf dem Hof so fix und fertig, dass ich kaum Lust hatte, überhaupt aufzustehen. Trotzdem schleppte ich mich in die Küche, setzte Kaffee auf und versuchte Feuer zu machen. Vergebens! Die Flamme ging immer wieder aus!

Zwischen Tischdecken und Brot schneiden stammelte ich vor lauter Verzweiflung ein Stoßgebet. Etwa so: „Herr Jesus, bitte lass das Feuer brennen. Zeig mir, dass du da bist. Ich brauche jetzt deine Hilfe! Ich kann nicht mehr!"

Und was soll ich sagen? Während ich dabei war, das Brot zu schneiden, sah ich auf einmal, wie von einer unsichtbaren Hand die Ofentür aufging. Das aufgeschichtete Holz, das zuvor nicht brennen wollte, fing auf einmal an zu brennen. Und schon bald wurde es richtig warm in der Küche.

Damit hatte ich nicht gerechnet! Gott hatte mein Gebet erhört. Er hatte mir Wärme für die Küche geschenkt. Aber nicht nur für die Küche, sondern auch für mein Herz. Eine wohlige Gelassenheit kehrte bei mir ein. Ich wusste nun ganz sicher: Gott ist bei mir und hilft mir.

Immer wieder hat er es seitdem getan. Das kann ich Jahre nach diesem Erlebnis bezeugen.

Karin Morath

Wenn Gott nicht eingegriffen hätte

Diese wunderbare Geschichte erzählte mir ein junges Ehepaar. Beide sind fest überzeugt, dass es Gottes Wille war, der sie zusammenbrachte. Denn die Art und Weise ihres Kennenlernens beschreiben sie „wie eine Geschichte aus einem schlechten Roman". Aus einem schlechten Roman deshalb, weil es so viele „Zufälle" gab, wie sie eben in einem Roman vorkommen, wenn dem Autor nichts Besseres eingefallen ist.

Er steckte noch mitten in seiner zweiten Berufsausbildung. Außer ein wenig Ausgehen mit Schulkameraden und etwas Sport konnte er sich keine Freizeit leisten.

Sie hatte gerade ihre Berufsausbildung beendet. Eine langjährige Beziehung zu einem jungen Mann war erst kurz zuvor in die Brüche gegangen. Und so zog die junge Frau wieder zurück zu ihrer Mutter. Sie hatte noch keine Arbeitsstelle und konnte sich keine eigene Wohnung leisten.

Nun war sie wieder bei ihrer Mutter. Wie sollte es weitergehen? Eine Anstellung war schon vage in Aussicht. Hoffnung keimte auf. Sie wollte all ihre Kraft in den Aufbau ihres beruflichen Weges stecken und dann weitersehen.

An einem Samstagabend rief eine gute Freundin bei ihr an, eine ehemalige Klassenkameradin, die noch studierte. An diesem Wochenende war nun auch sie zu Hause bei ihren Eltern und wollte etwas unternehmen. Gewöhnlich gingen die beiden Frauen reiten oder unternahmen lange Nachtwanderungen. Sie liebten die Natur und schätzten nicht so sehr den Trubel des „Nachtlebens".

An diesem Abend, so berichtete die junge Frau, sei alles ganz anders gewesen. Sie sei zu ihrer Freundin gefahren und hätte dieser mit einer gewissen Angriffslust in der Stimme unterbreitet, dass sie keine Lust auf einen Waldspaziergang hätte. Sie wolle lieber tanzen gehen. Die Freundin habe sie verblüfft angeschaut und gefragt, ob das ihr Ernst sei. Auf das Bejahen ihrer Frage habe die Freundin nur laut gelacht, denn nun bräuchte sie wiederum die junge Frau nicht überreden, mit ihr in eine Disco zu gehen. Die beiden jungen Frauen schauten sich an, fielen sich in die Arme und wunderten sich über sich selbst.

Schnell wurde ein kleines Tanzlokal gefunden. Der aufmerksame Leser wird sich schon gedacht haben, dass hier unser junger Mann auftauchte. Richtig, der Freund unseres jungen Mannes forderte erst die Freundin und dann die junge Frau zum Tanzen auf. Es dauerte eine Weile, dann stand man zu viert zusammen und unterhielt sich. Als es spät geworden war und die beiden jungen Frauen nach Hause gehen wollten, boten sich die beiden Herren an, die jungen Damen nach Hause zu begleiten. Es wurde ein schöner Spaziergang durch den verschneiten Winterwald.

Natürlich verabredeten die vier jungen Leute, sich bei Gelegenheit wieder einmal in dem kleinen Tanzlokal zu treffen. Daraus wurde aber nichts.

Damit wäre auch unsere Geschichte zu Ende, wenn Gott nicht ganz seltsam eingegriffen hätte. In einer der nächsten Wochen rief der ehemalige Partner der jungen Frau an. Als er erfuhr, dass die Mutter der jungen Frau verreist war, nutzte er die Gunst der Stunde und stand plötzlich vor deren Tür.

„Nur nicht mit ihm allein bleiben“, hämmerte es der jungen Frau durch den Kopf. „Sonst macht er sich noch falsche Hoffnungen.“ Also schlug sie ihm einen Besuch in einer größeren Disco vor. Beide Discos, die sie kannte, waren an diesen Samstagabend jedoch geschlossen, die eine wegen Renovierung, die andere aus polizeilichen Gründen. Zu guter Letzt fiel ihr das kleine Tanzlokal ein.

„Warum nicht?“, dachte sie. „Immer noch besser, als mit ihm zu Hause zu sitzen.“

Natürlich traf sie an diesem Abend auch den jungen Mann mit seinem Freund wieder. Der junge Mann hatte sie schon vermisst und darauf gewartet, sie wiederzusehen. Locker verabredeten sich die drei – der junge Mann, sein Freund und die junge Frau – für einen gemeinsamen Abend in der kommenden Woche.

Die junge Frau lachte, sie nahm das alles nicht so ernst. Sie wollte an ihren Beruf denken und an weiter nichts. Ihr ehemaliger Partner war zornig. Da er sich noch Hoffnung auf eine Wiederaufnahme der Beziehung machte, wollte er dieses gemeinsame Treffen nicht.

Der besagte Abend kam, und unsere junge Frau hatte natürlich überhaupt nicht die Absicht, der losen Verabredung nachzukommen. Sie hatte mittlerweile ihre erste Arbeitsstelle und genug um die Ohren. Aber Gottes Wege sind vielfältig.

Genau an diesem Abend tauchten zwei Freundinnen, die sie äußerst selten besuchten, bei ihr auf. Irgendetwas unternehmen, am besten zu dritt – aber was?

„Ach, ich habe da eine Idee!“, rief unsere junge Frau und fuhr mit ihren beiden Freundinnen in das kleine Tanzlokal. Von den beiden jungen Männern war keiner da.

Auch nicht schlimm, dachte die junge Frau, denn mit ihren beiden Freundinnen wurde es ein vergnügter Abend. Relativ spät erschien dann doch noch unser junger Mann auf der Bildfläche. Er sei beim Lernen eingeschlafen, entschuldigte er sich, und erst spät wieder aufgewacht. Eilig sei er dann in das kleine Tanzlokal gekommen, um die junge Frau nicht noch länger warten zu lassen. Sein Freund habe in einer anderen Stadt dringend etwas zu erledigen gehabt. Er möchte sich vielmals entschuldigen.

Gerührt schaute die junge Frau den Mann an. „Obwohl du so müde warst, bist du hierher gekommen?"

„Na ja, ich wollte dich doch nicht versetzen ... Ich hatte doch gehofft, dass du kommst", erklärte er schüchtern. Da es schon spät und der junge Mann wirklich sehr müde war, wurden nur noch Adressen ausgetauscht.

Gott hatte der jungen Frau die Augen geöffnet. Endlich erkannte sie, dass dem netten jungen Mann die Begegnungen mit ihr wichtig waren, denn sonst wäre er bestimmt nicht mehr gekommen. Bei der nächsten Verabredung erschien sie dann auch sehr pünktlich!

Wer glaubt, dass Gott die beiden jetzt sich selbst überließ, der täuscht sich. Jahre später sprachen die beiden von Heirat und einer gemeinsamen Wohnung. Der junge Mann wohnte aber in einer anderen Stadt, so dass aufgrund der Entfernung einer von beiden seine Arbeit aufgeben musste.

Nach langem Suchen fanden beide eine wunderschöne Wohnung ganz in der Nähe des Arbeitsplatzes des jungen Mannes. Sie waren glücklich und unterschrieben auch gleich den Mietvertrag. Damit war die Frage, wer den Arbeitsplatz aufgibt, entschieden. Das war an einem Samstag.

Am darauf folgenden Montag rief die Chefin der jungen Frau an und bot dieser einen Traumjob an, einen wirklichen Schritt vorwärts in ihrer Karriere. Was nun? – Der

Mietvertrag war unterschrieben, die Entscheidung war gefallen.

„Tut mir Leid – ich ziehe weg von hier. Diese Arbeit kann ich leider nicht annehmen."

Natürlich hat die junge Frau in ihrer neuen Heimat auch bald wieder Arbeit gefunden. Heute sind beide ein frohes Ehepaar und haben drei gesunde Kinder.

Gott sei Dank!

Gisela Konrad

Die Antwort kam per Handy

Mein Mann und ich streiten schon lange über das Thema Gottesdienstbesuch – und keiner gibt nach. Ich bin sauer, enttäuscht, fühle mich allein gelassen, unverstanden. Ohne ein Wort zu sagen, fahre ich an diesem Sonntagmorgen alleine los. Das Schweigen zu Hause halte ich nicht länger aus.

In der Gemeinde, die wir seit einigen Wochen besuchen, liegen am Eingang Karten aus, die man ausfüllen kann, wenn man nach dem Gottesdienst zum Essen eingeladen werden möchte. Ich kenne bis jetzt kaum jemanden in der Gemeinde. Aber heute würde ich gerne mit jemandem reden. Während des Singens bete ich: „Bitte Gott, mach, dass mich jemand zum Essen einlädt. Ich gehe mit jedem, der mir zuhört und mich versteht."

Zwei Sätze der Predigt fallen in mein Herz: „Erlaube ich dem Heiligen Geist, mich zu führen und zu leiten, oder verstecke ich mich in finsteren Löchern? Was hält mich, was halte ich fest, um mich ganz erwärmen zu lassen?" Streit,

Verletzungen sind doch das Letzte was ich festhalten möchte – und doch tue ich es zu Hause!

„Heiliger Geist, erwärme mich ganz bis in die kleinsten Winkel meiner Seele. Schicke einen Wirbelsturm, der keine bittere Wurzel im Boden lässt. Lass mich heute neu beginnen. Ich möchte lernen, meinen Mann so zu lieben, wie er ist“, bete ich in meinem Herzen.

Nach dem Gottesdienst bleibe ich eine Weile im Flur des Gemeindehauses stehen und warte darauf, dass mich jemand anspricht. Plötzlich macht sich in meiner Tasche ein Klingelton bemerkbar. Mein Handy signalisiert mir: „Sie haben eine Mitteilung.“

Neugierig ziehe ich mich in eine Ecke zurück und lese eine Nachricht von meinem Mann: „Bitte komm nach Hause. Ich lade dich zum Essen ein. Lass uns reden.“

Mein Herzschlag setzt eine Sekunde aus. Warm rieselt es mir den Rücken herunter. Fasziniert starre ich auf die Buchstaben. „Das ist eine Einladung zum Essen – direkt aus dem Himmel. Gott ist ein Genie“, jubelt es in mir, als ich mich ins Auto setze und Richtung Heimat losfahre.

Auf der Heimfahrt unterhalte ich mich noch ein wenig mit meinem himmlischen Vater. „Gott, was hast du dir dabei gedacht, auf mein Gebet mit einer Einladung meines Mannes zu antworten?“ Ich meine zu hören, wie Gott zu mir sagt: „Ich möchte, dass du zu Hause mit deinem Mann redest, bevor du mit anderen Menschen über ihn redest.“

Das war deutlich. Danach zu leben, hat unsere Ehe zum Guten verändert.

Gerlinde Jung

„Die Blinden werden sehend ...“

Das größte Zeugnis von Jesus sind für mich die Heilungen im Neuen Testament. Nicht umsonst ist die Blindenheilung dort ein häufiges Thema.

Es gibt so viele Gründe, warum man blind wird, und es gibt viele Gründe, warum man sich blind fühlt. Es ist schlimm, wenn man keine Zukunft mehr vor sich sieht und in Hoffnungslosigkeit verharrt. Und doch kann Jesus heilen, auch heute, durch die Macht des Gebets und durch unseren persönlichen Einsatz. Wir können Hoffnungsträger für andere werden und damit in besonderem Dienste Gottes und am Nächsten stehen. Eine Begebenheit werde ich nie vergessen.

Ich war damals ein junger Mann und stand am Anfang meines Lehrerstudiums. Trotzdem hatte ich genügend Zeit, auch in unserer Gemeinde in Hamm tätig zu sein. Besonders die Jugendarbeit lag mir damals wie heute am Herzen. Deshalb erzählte mir auch eine engagierte Frau aus der Gemeinde von Günther.

Günther war ein junger Mann unserer Gemeinde, der aber nie zum Gottesdienst kam. Jetzt erfuhr ich den Grund: Günther war blind und wollte nicht das Haus verlassen. Seine verzweifelten Eltern hatten schon viele Ärzte aufgesucht. Ein berühmter Chirurg hatte Günthers Augen operiert, und eigentlich hätte er nun sehen müssen. Aber er konnte nicht sehen. Er saß hilflos in seinem Zimmer, ließ sich von den Eltern bedienen und verbrachte seine Tage in absoluter Dunkelheit.

Mich traf das Schicksal von Günther tief. Natürlich mussten wir dem jungen Mann und der Familie helfen. Ich erkundigte mich nach Möglichkeiten für Blinde und erfuhr, dass es in Unna eine Blindensportgruppe gab. Das musste die Möglichkeit für Günther sein. Ich hatte Zeit und nahm mir vor, mit Günther die Sportgruppe zu besuchen.

Bei nächster Gelegenheit fuhr ich zu Günther nach Werl hinaus. Ich traf seine Mutter an. Sie war sehr glücklich, dass sich jemand aus der Gemeinde meldete. Wir setzten uns ins Wohnzimmer, und ich schlug ihr vor, mit Günther in die Sportgruppe zu fahren.

„Das wird er nicht wollen", seufzte sie. „Günther hat keine Hoffnung mehr. Wir haben alles getan. Jetzt haben auch wir keine Hoffnung mehr."

„Aber es gibt Hilfe", sagte ich. „Es gibt jemanden, der auch einem Hoffnungslosen Kraft geben kann."

„Sie meinen Jesus?", fragte sie. „Wir haben so oft gebetet und keine Antwort bekommen."

„Vielleicht ist mein Besuch die Antwort auf Ihre Gebete", sagte ich mutig. Sie sah mich zweifelnd an.

Da geschah es. Wir hörten, dass oben eine Tür ging. Ich wollte aufspringen, aber sie legte die Hand auf meinen Arm und den Finger auf den Mund. „Das ist Günthers Tür", flüsterte sie.

Gespannt lauschten wir. Schritte kamen die Treppe herunter. Dann sah ich Günther, einen jungen Mann von etwa 18 Jahren. Seine Augen waren weit aufgerissen, der Gang noch unsicher, aber er ging zielstrebig auf mich zu.

„Ist das der Mann, der mit mir zur Sportgruppe fahren will?"

„Ja", sagte seine Mutter und hielt sich die Hände vors Gesicht. „Du kannst sehen?"

„Ja, Mutter", sagte er. „Nicht viel, aber ich kann dich und den Mann erkennen." Dann wandte er sich an mich. „Wer schickt Sie?"

„Ich habe von dir gehört", sagte ich. „Ich gehöre zu deiner Gemeinde."

„Mutter“, sagte Günther und ging mit steifen Schritten auf sie zu. „Deine Gebete sind erhört worden. Ich kann sehen.“

Die Blinden werden sehen! Sehen können ist ein großes Geschenk. Günther sah mehr als nur seine Heilung. Er verstand, wer ihn geheilt hatte. Trotzdem wurde ein langer, gemeinsamer Weg daraus, bis Günther wirklich in der für ihn so neuen Welt zurechtkam. Die Blindensportgruppe und der Einsatz der Menschen, die dort ehrenamtlich Dienst taten, war ein wichtiger Teil auf diesem Weg.

Gottfried Zurbrügg

Mein Bibelerlebnis

Ich möchte Ihnen von meinem Weg zu Jesus erzählen. Doch halt! Was heißt hier: von *meinem* Weg? Natürlich war es *Gottes* Weg mit mir.

Gott hatte mich schon früh angesprochen. Die herrlichen Geschichten unseres Klassenlehrers in der ersten Klasse von Adam und Eva, vom Turmbau zu Babel, von Josef, von Mose und von Jesus zeigten mir früh, dass Gott selbstverständlich zu unserem Leben dazugehört. Intensiv betete ich jeden Abend mein kleines Gebet. Von da an war ich engagiert im Religions- und Konfirmandenunterricht; später half ich mit beim Kindergottesdienst und, und, und ...

Ich verehrte Gott, ich liebte Gott. Aber ich hatte eine Distanz zu Jesus. Irgendwann als erwachsene Frau war ich an dem Punkt angekommen, dass ich mir nicht ganz sicher war, ob eine Hinwendung zu Jesus nicht meine enge Beziehung zu Gott verletzen könnte.

Ich suchte Rat in der Bibel, denn ich wollte mich über den Gott des Alten Testaments informieren. Ich bat Gott um Führung, und er führte mich: Ich las von Abraham, der in Ägypten seine eigene Frau als Schwester ausgab, so dass diese eine Nebenfrau des Pharaos wurde. Abrahams Gottvertrauen musste in dieser Zeit recht geschrumpft sein, dass er lieber einem „Überlebenstrick" vertraute als der Gnade Gottes (1. Mose 12, 10-20). Ich las weiter über die Zeit Jakobs und seiner 12 Söhne. Ich las vom Blutbad zu Sichem (1. Mose 34, 1-31). Was wollte Gott mir zeigen?

„Sieh genau hin. Ist es das, was du suchst? Letztendlich suchst du Gnade, Liebe und Hoffnung. Du suchst Jesus Christus, meinen Sohn."

Überwältigt erzählte ich einer guten Bekannten von meinem „Bibelerlebnis". Heute ist sie mir eine wertvolle Freundin.

Sie lächelte, nahm mich in die Arme und meinte: „Deutlicher konnte der Herr nicht zu dir sprechen! Glaub an Jesus. Jesus liebt auch dich, er ist auch für dich da." Sie erzählte noch viel mehr und lud mich für den nächsten Morgen zum Frühstück ein.

Bei ihr trafen sich regelmäßig Frauen zu einem „Frauenfrühstück", einer Einrichtung der evangelischen und katholischen Kirche. Hier war ich in einer Gruppe Gleichgesinnter. Wir sangen christliche Lieder und lasen in der Bibel. Bei diesen Treffen wurde meine Verbindung zu Jesus Christus gefestigt.

Nach meinem heutigen Verständnis muss ich noch hinzufügen, dass ich keine Kritik am Alten Testament üben möchte. Gott zeigte mir aber damals, dass alle menschlichen Versuche, ohne Jesus auszukommen, in die Irre führen müssen.

Gisela Konrad

Der Himmel ist nicht so fern

Eine ältere Frau aus unserer Gemeinde – nennen wir sie Frau Schmidt – sagte oft: „Der Himmel ist nicht so fern." Sie war fest davon überzeugt, dass Gebete erhört werden und lebte voll und ganz in diesem Vertrauen.

Auf meinem Schulweg von Hamm nach Dortmund fuhr ich täglich an ihrem Haus vorbei. Ich wusste, dass sie schwer zuckerkrank war und ganz allein lebte. Trotzdem machte sie sich keine Sorgen.

„Mir passiert nichts", sagte sie. „Gott passt auf mich auf."

Eines Morgens fuhr ich wie gewohnt zur Schule und hatte es eigentlich furchtbar eilig, weil meine Frau und die Kinder mich aufgehalten hatten oder weil ich einfach zu spät aufgestanden war.

Als ich die Hafenstraße herunterfuhr und gerade auf der Höhe von Frau Schmidts Haus war, mahnte mich ein Gedanke: „Schau bei Frau Schmidt herein!"

Ich trat intuitiv auf die Bremse und dachte nach. Ausgerechnet heute hatte ich nun wirklich keine Zeit! Aber der Gedanke ließ mich nicht los.

Gegen alle vernünftigen Überlegungen stieg ich aus, verschloss die Wagentür und ging hinüber zu ihrem Haus. Natürlich klingelte ich, aber niemand machte auf. Ich wollte schon wieder gehen, da fiel mir auf, dass die Haustür nur angelehnt war. Neugierig trat ich ins Treppenhaus und lief die Stufen hoch, bis ich vor Frau Schmidts Wohnungstür stand. Auch hier stand die Tür einen Spalt breit offen. Ich klopfte. Ein deutliches Stöhnen drang aus der Küche.

Ich stürzte hinein und fand Frau Schmidt auf dem Boden liegen. Sie litt an einer Unterzuckerung und konnte den rettenden Zucker auf dem Tisch nicht mehr erreichen. Merkwürdigerweise wunderte sie sich überhaupt nicht, mich zu sehen, und zeigte nur stöhnend auf den Tisch. Ich verstand und reichte ihr den Zucker. Nach und nach erholte sie sich.

Als wir zusammen am Tisch saßen, sagte ich: „Das war aber knapp, Frau Schmidt. Was hätten Sie getan, wenn ich nicht gekommen wäre?"

Sie lachte verschmitzt über das ganze faltige Gesicht: „Aber Sie *sind* doch gekommen."

„Na ja, ich bin *zufällig* vorbeigekommen", sagte ich. „Und eigentlich müsste ich längst in der Schule sein."

„Nein", sagte sie, „nicht zufällig. Ich war leichtsinnig und habe den Zeitrhythmus nicht eingehalten, sonst wäre nichts passiert. Aber als ich merkte, dass ich ohnmächtig werde, da habe ich zum Herrn gebetet. Ich habe ihm einen Vorschlag gemacht: ‚Schick doch den Zurbrügg, wenn er jetzt gleich hier vorbeifährt. Der hört wenigstens ... ‘ "

Ich musste laut lachen, aber sie meinte es durchaus ernst.

„Doch", sagte sie, „man kann Gott auch Vorschläge machen. Für mich ist es eine Antwort auf das Gebet, dass Sie gekommen sind."

Ich sah sie nachdenklich an. Natürlich kamen hier zwei Dinge zusammen – und warum sollte es nicht so sein? Ich hatte ja tatsächlich den Gedanken bekommen, nach ihr zu sehen.

Ich verabschiedete mich und fuhr zur Schule. War das eine Antwort auf ein Gebet gewesen? Hatte mich Gott zu Frau Schmidt geschickt oder hatte ich ihren Wunsch gespürt?

Als ich in der Schule ankam, geschah etwas Erstaunliches: Normalerweise ist es ein großes Vergehen, wenn jemand unentschuldigt fehlt. Aber an jenem Morgen sah mich mein Rektor nur seltsam an und meinte: „Ich habe Ihre Klasse versorgt. Es ist so in Ordnung."

Da spürte ich, dass etwas ganz Besonderes geschehen sein musste.

„Der Himmel ist nicht so fern", sagte Frau Schmidt immer. Vielleicht hatte sie doch Recht.

Gottfried Zurbrügg

„Werdet wie die Kinder"

Unser Sohn Johannes leistet zurzeit seinen Militärdienst in Hamburg bei der Marine ab. An einem Freitag im Januar kam er auf Wochenendurlaub nach Hause. Er musste in Marburg am Bahnhof abgeholt werden, der etwa 30 Kilometer von unserem Wohnort entfernt liegt.

In der Nacht war Schnee gefallen. Die Straßen waren zum Teil vereist. Meine Tochter Heidi erklärte sich bereit, ihren Bruder abzuholen. Sie bat ihre ältere Schwester, sie zu begleiten, da sie bei diesem Wetter nicht gern allein fahren wollte. Sonja ließ ihre fünfjährige Tochter Lisa solange bei mir, und die beiden fuhren los.

Nach ungefähr einer Stunde klingelte das Telefon. Johannes war am Apparat und erklärte, niemand sei gekommen, ihn abzuholen. Lisa hatte das Gespräch mit angehört und spürte, dass ich erschrocken war.

Ich sagte: „Komm Lisa, lass uns beten, dass die drei gesund nach Hause kommen."

Sofort ließ sich die Kleine im Wohnzimmer auf die Knie fallen und betete: „Lieber Gott, beschütze meine Mama, die Heidi und Johannes auf der langen, langen Fahrt. Aber beschütze zuerst meine Mama, ich hab doch nur eine!"

Wir räumten zusammen die Wohnung auf und bezogen

das Bett für Johannes. Lisas Mund stand nicht still. Sie erzählte mir vom Ende der Welt.

„Weißt du, Oma, die Welt geht mal unter. Dann gibt's 'ne neue. Die macht auch Gott. Hier die hat er ja auch gemacht. Und wenn wir sterben, kommen wir alle in den Himmel. Dann kann ich endlich Gott sehen und auch den Hund von meiner Freundin Joana. Der ist schon tot. Und die Uroma von dem Bild in Opa Willis Küche und von der Trudel-Oma den Uropa auch."

Die Zeit verging wie im Fluge. Plötzlich klingelte es. Unversehrt standen meine drei Kinder vor der Tür.

Lisa hüpfte durch die Wohnung und jubelte laut: „Ich hab's doch gewusst, dass nichts passiert!"

Gerlinde Jung

Der kleine Kleiber

Da sitzt er vor mir auf meiner Fensterbank und schaut mir stundenlang zu, wenn ich am Schreibtisch sitze. Auch jetzt sitzt er ganz still da, legt seinen Kopf etwas zur Seite und reckt seinen Schnabel in die Luft. Er ist ganz zahm, hat die Flügel angelegt und hat noch niemals Anstalten gemacht davonzufliegen. Kein Wunder, er ist ja auch aus Gusseisen. Einen eigenen Namen hat er nicht, doch wenn man ihn hochhebt, so kann man sehen, dass er den Namen seines Meisters trägt. In kleinen Buchstaben auf seinem Bauch eingraviert.

Oft, wenn ich während der Arbeit aus dem Fenster schaue und nachdenke, fällt mein Blick auf diesen kleinen Freund, der mich immer wieder an eine Begebenheit erinnert, als ich ihn zum ersten Mal im Krankenhaus in meinen Händen hielt. Es ist, als ob dieser Vogel mir sagen wollte: „Danke für das, was du meinem damaligen Besitzer einst geschenkt hast. Und vergiss nicht, dies auch anderen zu schenken, denen du noch begegnen wirst. Ich will dich immer daran erinnern, wie schön es ist, anderen Menschen Trost weiterzugeben!“

Ja, leicht fiel es mir damals ganz und gar nicht, ich fühlte mich im ersten Moment eher wie ein Versager.

Ich arbeitete gerade als Aushilfe auf einer Station für Lungenkranke. So manches Leid ist dort schon ein- und ausgegangen, doch einmal stand es direkt vor mir. Einer unserer Patienten hatte gerade vom Arzt seine Diagnose erfahren: Lungenkrebs – unheilbares Stadium! Ich hatte keine Ahnung, was mich, die ich als Nächste in dieses Krankenzimmer musste, erwarten würde. Ich hatte auch keine Zeit, mir irgendwelche Gedanken zurechtzulegen. Meine Hoffnung war, Herrn Kielmann nicht gerade in dieser halben Minute, die ich brauchte, um das Essen auf dem Tablett hineinzustellen, zusammengebrochen und hilflos anzutreffen. Aber kaum war ich zur Tür herein, sah ich ihn schon auf der Bettkante sitzen und weinen wie ein kleines Kind.

Unsicher blieb ich einen Augenblick stehen. Ich wollte etwas sagen, aber was nur? In meinem Gehirn ließen sich nicht die rechten Worte zusammenfinden.

Bruchstückhaft kreuzten die unterschiedlichsten Gedanken durch meinen Kopf: „Du brauchst ja nur das Essen auf den Tisch zu stellen und kannst gleich wieder gehen!“ – „Sicher braucht er jetzt erst einmal Ruhe, also spar dir die Worte!“ – „Moment, du bist aber nicht nur medizinische Aushilfe, sondern auch Gottes Werkzeug, also bitte, hier hast du die beste Gelegenheit, dich als solches zu erweisen! Aber soll ich etwa sagen: Keine

Sorge, im Himmel wird alles anders? Ungehobelter geht es wahrscheinlich nicht, aber mir fällt einfach nichts ein!“

Ohne die rechten Worte gefunden zu haben, stellte ich das Essen ab, warf noch einen unsicheren Blick zu Herrn Kielmann, der mich zum Glück kaum registriert hatte, und ging hinaus.

Die restliche Arbeitszeit an diesem Tag verrichtete ich nur noch mechanisch. Ich ließ die Klinikpforten wie betäubt hinter mir, und erst als ich zu Hause war, erwachte ich allmählich wieder. Welch ein Albtraum! Muss ich morgen wieder hin? Wie stehe ich dann da? Wieder so unbeholfen?

Und du, Astrid, die du aus eigener Erfahrung weißt, dass Gott ein Herr des Trostes ist, hast hier versagt! Nun gut, in jenem Augenblick war es vielleicht wirklich nicht angebracht, viele Worte zu machen. Herr Kielmann wird die Zeit der Trauer gebraucht haben. Aber eine kleine Hilfestellung auf diesem Weg der Anfechtung wäre wahrscheinlich auch nicht schlecht gewesen.

Nun hatte ich einen ganzen Abend und die Nacht zur Verfügung, um mir darüber Gedanken zu machen, was ich tun könnte, und wenn es nur eine tröstende Geste wäre. Und so ging ich in meinem Zimmer auf und ab, versuchte mich an ähnliche Situationen zu erinnern, die ich selbst erlebt oder in irgendwelchen Büchern gelesen hatte. Doch auf diese Situation schien dies alles nicht recht passen zu wollen.

Nein, es musste etwas Neues, etwas Eigenes gefunden werden. Und so tat ich das, was sich schon oft bewährt hatte, wenn ich vor wichtigen Entscheidungen stand oder eine Antwort suchte: Ich ging auf die Knie und fragte Gott nach einer Idee: „Herr, was kann ich für Herrn Kielmann tun? Es tut mir Leid, dass ich heute so gar keine Leuchte für dich war. Aber du kannst mir immer noch eine Gelegenheit schenken, um Herrn Kielmann auf dich aufmerksam zu machen – in einer Weise, die er verstehen und annehmen kann. Zeige mir doch, wie ich es machen soll!"

Neben mir sah ich auf dem Fußboden meine Bibel liegen. Sie hatte mir in schweren Zeiten so viel Trost gegeben. Vielleicht musste ich erst nach Hause kommen, damit ich nicht eigene Worte zurechtlegte, sondern um Herrn Kielmann aus Gottes Wort etwas herauszusuchen. Da ich für mich schon so viele Sachen markiert hatte, war es nicht schwer, einige Worte des Trostes zu finden. Ich bat Jesus, meine Wahl auf jenen Satz fallen zu lassen, welcher Herrn Kielmann weiterhelfen würde. Ich hatte auch keine Ahnung, inwieweit er überhaupt mit der Bibel vertraut war. Schließlich wollte ich ihn nicht mit gut gemeinten Sprüchen erschlagen, die ihren Sinn verfehlen und bedeutungslos an ihm vorbeirauschen würden.

Schon immer bewährt hatte sich eine „persönliche Verpackung" von Aussagen der Bibel. Und so griff ich zu Tonpapier und Schere und bastelte eine kleine Blume, die so konstruiert war, dass man sie erst auseinander falten musste, um auf der Innenseite lesen zu können; wie eine Knospe, die sich entfaltet. Ich hatte einmal eine solche Papierblume geschenkt bekommen und mich riesig darüber gefreut.

Innen hinein schrieb ich die Worte aus dem letzten Buch der Bibel: Offenbarung 21, 4: „Und Gott wird abwischen alle Tränen von ihren Augen, und der Tod wird nicht mehr sein, noch Leid noch Geschrei noch Schmerz wird mehr sein, denn das Erste ist vergangen. Denn siehe, ich mache alles neu!"

Es war sehr gewagt, denn letztendlich kommt es auf die Offenheit des anderen an, ob er solche Worte für sich annehmen will oder ob er den Inhalt überhaupt versteht.

Ich bin auch sicher, dass dieser Trostvers in Papierblumenform kein Allgemeinrezept ist, welches sich in gleicher Weise für weitere Patienten anwenden ließe. Gott hatte mir für diese bestimmte Situation die Gewissheit gegeben, Herrn Kielmann auf diese Weise erreichen zu können. Für weitere ähnliche Situationen musste ich mich jedes Mal neu vorbereiten und Gott fragen, was ich tun sollte. Es gibt keine allgemeine Lösung, und inzwischen genieße ich immer mehr, mich in diese Abhängigkeit von Gott einzulassen und jedes Mal neue Erfahrungen und Erlebnisse zu sammeln.

Am nächsten Morgen trug ich die kleine Papierblume ständig in meiner Kitteltasche und versuchte eine gute Gelegenheit zu finden, sie Herrn Kielmann zukommen zu lassen. Ich wollte, dass diese Worte ganz frei auf ihn einwirken konnten, und so legte ich sie einfach beim Mittagessen auf sein Tablett neben den Teller. Er war gerade zu einer Untersuchung unterwegs, konnte also nicht wissen, wer das Tablett auf seinen Tisch gestellt hatte. Einerseits war ich froh, dass ich wieder einmal „ungesehen davonkam", andererseits wollte ich Herrn Kielmann auch nicht in Zugzwang bringen, sich bei mir bedanken zu müssen für etwas, was ihm vielleicht gar nicht gefiel oder für ihn bedeutungslos sein könnte.

Kurz vor meinem Feierabend musste ich noch einmal zu ihm, und ich traf ihn gelöst und fröhlich mit seiner Frau redend an. Ehe ich ihm den Blutdruck messen konnte, stand Herr Kielmann auf und stellte mich seiner Frau vor: „Dies ist die junge Dame, die mich getröstet hat und mich wieder an das Wichtigste von allem erinnert hat!"

Woher wusste er wohl, dass die Papierblume von mir kam? Er meinte, dass sonst niemand in Frage gekommen wäre, nachdem er in Gedanken das ganze Personal durchgegangen war. Wie dem auch sei, in unserem weiteren

Gespräch stellte sich heraus, dass er vieles über den lebendigen Glauben wusste. Allerdings war auch zwischenzeitlich einiges in Vergessenheit geraten. Nun freute er sich, dass er von jemand auf diesen Halt in Jesus wieder aufmerksam gemacht worden war.

Bei seiner vorläufigen Entlassung rief Herr Kielmann mich zum Abschied noch einmal in sein Zimmer und drückte mir fest die Hand. Ich spürte etwas Hartes in der Hand, und als ich sie öffnete, lag darin dieser kleine gusseiserne Kleiber. Herr Kielmann führte mit seiner Frau zusammen einen Kunstgewerbeladen, und um seinen Dank auszudrücken, hatten beide den Kleiber für mich ausgesucht. Unter seinem Bauch steht in kleinen Buchstaben eingraviert: *Kielmann*.

Astrid Mmari

Das Opfer

Als ich anfing, aktiv in der Gemeinde mitzuarbeiten, war ich es gewohnt, Samstagmittag nach Dienstende bis zum Abend in die Sauna zu gehen. Also mindestens vier Stunden lang.

Dann engagierte ich mich in der Jugendarbeit und stellte fest, dass ein Teil der jüngeren Mädchen Schwierigkeiten hatte, zum allgemeinen Treffpunkt zu kommen, weil das Dienstagabends war und sie zu dieser Zeit daheim sein sollten. Bei meinen Überlegungen blieb einfach nur der Samstagnachmittag als Möglichkeit. So schwer es mir fiel – ich musste meine geliebte Saunazeit verkürzen! Wenn wir uns um 16 Uhr trafen, hätte ich noch immer zwei Stunden für mich. Das musste reichen!

Also besuchte ich reihum alle Mädchen in ihren Elternhäusern und klärte die Möglichkeiten. Das Interesse war zwar groß, aber die Wege manchmal unbequem und weit. Das erste Vierteljahr kam immer nur ein Mädchen, sehr gerne, sehr interessiert und engagiert. Sie weckte die Neugier bei den anderen – und nach einem halben Jahr waren wir mal sieben, mal neun.

Eines Tages – ich kam mal wieder etwas knapp aus der Sauna – stand eine mir unbekannte Frau vor der Tür zum Gemeindehaus. Sie sagte: „Ich möchte gerne mal dabei sein mit Ihren Mädchen."

Puh! Eine fremde Frau, so völlig unangemeldet und mir absolut unbekannt! Nun, da sie sich als Realschullehrerin vorstellte, die an meiner Arbeit interessiert sei, ließ ich sie dabei sein.

Nach unserem Gruppentreffen unterhielten wir uns noch angeregt. Die Frau interessierte sich für die Mädchen und für mich. Sie kam wieder.

Beim dritten Besuch erklärte sie mir, ich solle unbedingt Lehrerin werden. Ich hätte eine natürliche Begabung zu lehren und müsse unbedingt studieren. Ich winkte ab. Kein Abitur, kein Geld, keine Eltern mehr, die helfen könnten und abgesehen davon sei ich in meinem Beruf als Krankenschwester sehr zufrieden.

Sie ließ nicht locker. Es gebe ein neues Programm mit Begabten-Sonderprüfung und einem Stipendium, erklärte sie mir, und wenn ich nicht auskäme, würde sie mich absichern. So viel lag ihr daran, mich auf den Weg ins Studium zu bringen. Immer und immer wieder ermunterte sie mich.

Eines Tages gefiel mir der Gedanke, Lehrerin zu werden – nicht zuletzt, weil die Arbeit mit den Mädchen und Jugendlichen mir viel Freude bereitete. Für die Begabten-Sonderprüfung sollte ich einmal wöchentlich für ein Jahr in einer Abendschule Kurse für „Deutschen Aufsatz" belegen.

Diese Lektionen wurden ausgerechnet an dem Abend durchgeführt, an dem wir uns mit allen Jugendlichen trafen. Aus organisatorischen Gründen dauerte es ein halbes Jahr, bis wir unseren Gruppenabend von Dienstag auf Donnerstag verlegt hatten. Dann begann ich mit der Abendschule.

Am ersten Abend sprach mich eine ältere Dame an, sie habe mein Gesicht noch nie gesehen und welchen Abschluss ich denn machen wolle. Ob ich wohl neu sei? Wie ich später erfuhr, war sie die Gründerin der Privatschule. Als sie von meinen Plänen erfuhr, riet sie mir, mich doch gleich an die Pädagogische Hochschule in unserer Stadt zu wenden. „Man kann nie früh genug wissen, was auf einen zukommt", meinte sie schmunzelnd.

Das war am ersten Dienstag im Oktober. Zunächst fand ich, es sei reichlich früh, um mir die Unterlagen zu besorgen. Aber drei Wochen später kam mir der Gedanke, ich könne ruhig einmal hingehen, und sei es nur deshalb, um die nette Frau nicht zu enttäuschen. Sie könnte sonst meinen, das junge Volk wisse immer alles besser.

So machte ich mich eines Tages in meiner Mittagspause auf den Weg zur Pädagogischen Hochschule und stand dort – eigentlich hätte ich mir das denken können – vor der geschlossenen Sekretariatstür. Bürozeiten von 9 bis 12. Das kennt man ja. Aber immer in meiner Dienstzeit, nie außerhalb!

Ganz in Gedanken verloren stand ich in dem riesigen Flur des Eingangsgebäudes. Da sprach mich ein großer, hagerer Mann an. Ob ich jemand suchen würde, oder ob er mir sonst irgendwie weiterhelfen könne? Nun, ich schilderte ihm meine Situation. Er hörte sich alles an, stellte interessierte Fragen, erfuhr, dass ich gerade mit der Abendschule begonnen hatte – und ging mit mir nach einer Weile ins Sekretariat, um dort die nötigen Informationen zu erbitten.

Während eine Sekretärin damit beschäftigt war, die Unterlagen für die Begabten-Sonderprüfung herauszusuchen, fragte er beiläufig: „Wann ist der nächste Meldetermin?"

Die Antwort lautete: „Am 15. November."

Mit den Worten: „Bitte melden Sie sich bis dahin zur Prüfung an", reichte er mir die Papiere.

„Aber das geht doch nicht ... Ich habe doch, wie Sie wissen, erst drei Lektionen Aufsatz gehabt ...", stotterte ich.

„Melden Sie sich. Ich bin der Prüfungsvorsitzende."

Wie betäubt nahm ich die Blätter aus seiner Hand und verließ das Gebäude, in dem ich nach bestandener Prüfung im folgenden Frühjahr mein Studium begann. Gott hatte mir das halbe Jahr, das ich für die Verlegung der Gruppenstunden gebraucht hatte, wieder zurückgeschenkt!

Und noch viel mehr habe ich für die zwei Stunden „Sauna-Opfer" wöchentlich bekommen:

die wunderbare Möglichkeit, studieren zu können,

das Geschenk, mit Kindern arbeiten zu dürfen,

sie auf dem Weg ins Leben zu begleiten,

die Möglichkeit, meine eigenen kreativen Fähigkeiten zu entwickeln,

im Umgang mit den Kindern und den Techniken, die sie lernen, dienen zu dürfen.

Unser Motto im Diakonieverein lautete: „Mein Lohn ist, dass ich darf." Ja, ich durfte Lehrerin sein!

Magret Zurbrügg

In letzter Minute

Als Krankenschwesterschülerin im dritten Semester arbeitete ich etwa 12 Wochen als Nachtschwester auf der Kinderstation mit 89 Kindern. Die meisten kleinen Patienten waren noch nicht einmal drei Jahre alt. Auf dieser Station arbeitete ich ausgesprochen gern. Gewöhnlich waren wir zu zweit und fütterten im ersten Teil der Nachtwache der Reihe nach alle Säuglinge.

Eines Abends, etwas nach 22 Uhr, als wir bereits fast alle Säuglinge das erste Mal gefüttert hatten, war ich bei den Krabbelkindern. Dort betrachtete ich ein schwer krankes schlafendes Kind und freute mich, dass es ein wenig Ruhe gefunden hatte. Auf einmal hatte ich ganz plötzlich das dringende Gefühl, ich sollte in ein bestimmtes Zimmer gehen, obwohl wir dort schon längst fertig waren. Das Gefühl war so stark, dass ich – ohne groß nachzudenken – schon auf dem Wege dorthin war.

Ich betrat den Raum, in dem 12 kleine Gitterbettchen mit Kindern bis zu einem halben Jahr standen, knipste das Licht an und entdeckte in einem davon einen blitzblauen Säugling. Er hatte erbrochen und bekam keine Luft. Gerade noch rechtzeitig konnte ich ihm zu Hilfe eilen. Am nächsten Tag sollte der kleine Junge entlassen werden. Fast wäre uns an diesem Abend ein gesundes Kind gestorben!

Einige Wochen später kam ein Kind mit durchgebrochenem Blinddarm zu uns auf die Station. Die Entzündungen im Bauchraum waren so weit fortgeschritten, dass die Chirurgen etwa einen Meter vom Darm entfernen mussten.

Nach Beendigung der Operation wurde das Kind gegen 21 Uhr wieder auf die Station gebracht. Es kam allein in ein Nebenzimmer (so etwas wie eine Wachstation gab es dambei uns nicht). Der Arzt legte einen Tropf mit physiologischer Kochsalzlösung an, die im Krankenhaus selbst hergestellt wurde. Wegen der großen Wundfläche fügte er Calcium zur besseren Wundheilung und Aureomycin gegen die Entzündung hinzu. Die Mycine waren zu jener Zeit noch sehr neu.

Da es dem Kind sehr schlecht ging, wurde eine Schülerin als „Extrawache“ neben das Bett des Kindes gesetzt. Bei auffälligen Veränderungen sollte sie eine von uns Dienst habenden Nachtschwestern verständigen. Nachdem also soweit alles „in Ordnung“ schien, gingen wir wieder unseren gewohnten Tätigkeiten nach.

Zu dieser Zeit war ich gerade im „Frühchen“-Zimmer. Da lagen unsere zu früh geborenen „Schrumpfgermanen“, wie unser Stationsarzt liebevoll zu sagen pflegte, weil sie so winzig, so schrumpelig und so hilfsbedürftig waren – mit Watte umwickelt, damit sie die Körperwärme besser halten konnten. Nein, zu jener Zeit gab es noch keine Brutkästen und keine sterilen Sonden zur künstlichen Ernährung. Unsere Babys wurden mit Minifläschchen gefüttert, die wir aus Medikamentendöschen „entwickelt“ hatten, denn in den Normalflaschen kühlte die geringe Nahrungsmenge zu schnell ab.

Nun gab es sehr strenge Vorschriften für die Arbeit in diesem Raum:

1. Kittel überziehen

2. Hände waschen

3. *Niemals* das Zimmer nach dem Betreten verlassen, bis alle Arbeiten abgeschlossen waren, um Luftaustausch zu vermeiden.

4. *Niemals* ein trinkendes Frühchen unterbrechen (das galt als Todsünde, da es sehr schwer war, ein solches Kind hernach wieder ans Trinken zu bringen; und ein Gewichtsverlust konnte tödliche Folgen haben).

Ich arbeitete also in diesem besonderen Zimmer und hielt glücklich so ein winziges nuckelndes Menschlein im Arm, als ich die dringende Aufforderung erhielt: „Geh sofort zum Appendix!"

Nein, das darf ich nicht! Siehe oben Punkt 3 und 4.

Klar und deutlich und sehr drängend kam die Aufforderung noch einmal. Ich kann nicht mehr sagen, *wie* ich diese Nachricht erhielt oder woher ich das wusste. Ich wusste nur: Da sollst du hingehen. Und zwar sofort!

Aber da sitzt doch eine Wache! Mit dem Kind auf dem Arm trat ich an das dicke Glasfenster, das auf den Flur führte – und ich sah direkt gegenüber die offene Tür des Nebenraums. Halbdunkel war es drüben und ganz ruhig.

Und noch einmal. Diesmal ein knapper Befehl: „Geh! Jetzt!"

Ich unterbrach das trinkende Frühchen, legte es in sein Bettchen, warf den Kittel auf den Wickeltisch und eilte hinüber.

Das operierte Kind lag bleich, mit tiefblauen Lippen im Bett und zitterte am ganzen Körper. Die Wache saß eingeschlafen daneben. (Sie hatte immerhin schon 10 Stunden Dienst hinter sich!) Der Arm des Kindes war an der Injektionsstelle angeschwollen. Die Lösung in der Byrette und im Schlauch geronnen. Ich wusste nicht recht, was das zu bedeuten hatte.

Arzt anrufen, Infusionsnadel raus, Lichtbogen gegen Schüttelfrost ... Schnell, schnell, schnell! Alles geriet in Aufregung. Nach etwa anderthalb Stunden hatten wir alles wieder unter Kontrolle.

Was war nur geschehen? Nachts zwischen 1.00 und 2.00 Uhr experimentierte unser Arzt, bis er die Lösung des Problems erkannt hatte: Das damals neue Aureomycin war durch den Zusatz von Calcium ausgeflockt.

Das Kind kam durch. Wir waren so froh darüber!

Zu jener Zeit hatte ich noch gar keinen „lebendigen“ Glauben. Ich vertrat den Standpunkt: Religion ist ganz gut, Kirche aber überflüssig. Ich erwähne das deshalb, um zu verdeutlichen, dass wir Menschen auch dann von Gott angesprochen werden können, wenn wir noch gar keinen „richtigen“ Glauben haben.

Ich wusste nicht, wer mich da eigentlich ansprach. Aber ich wusste genau, dass ich angesprochen worden war. Es war mehr als nur eine Intuition, die aus mir selbst heraus kam.

Damals habe ich diesem Erlebnis nicht sehr viel Beachtung geschenkt. Wir waren sehr froh und dankbar, dass das Kind in letzter Minute gerettet wurde.

Marlis Ackermeier

Gott will gebeten werden

Folgende kleine Episode erzählte mir eine gute Freundin: Schon seit Wochen hatten sich meine Freundin und ihr Mann auf den Besuch guter Freunde, die sie seit Jahren nicht gesehen hatten, gefreut. Endlich rückte das ersehnte Wochenende näher. Wäre da nicht wenige Tage vorher die erst halbjährige Tochter schwer krank geworden!

„Wir beteten und beteten, dass der Ausschlag und der Husten weggehen sollten“, erzählte meine Freundin. „Der Husten und der Ausschlag gingen dann auch weg, aber an dem Sonntag, als wir fahren wollten, stieg das Fieber noch höher. Denn für das Fieber hatten wir nicht gebetet. Das hatten wir vergessen“, gestand sie freimütig.

Ich war verblüfft. Was sollte das? „Für das Fieber hatten wir nicht gebetet?" Gott wusste doch, dass diese beiden besorgten Eltern ein ganz gesundes Kind haben wollten. Ist Gott denn so kleinlich?

Ich habe lange darüber nachgedacht. Aber Gott geht wohl mit jedem Menschen seinen ganz persönlichen Weg, über den ich nicht urteilen darf. Für meine Freundin war es sehr wichtig, noch einmal an das Gebet erinnert zu werden. So konnte sie leichter akzeptieren, dass ein Gebet kein Wunderheilmittel ist. Es ist eine Bitte. Wir wenden uns vertrauensvoll an unseren himmlischen Vater und bitten ihn um seine Hilfe und seinen Rat. Aber die Antwort kann ganz anders ausfallen, als wir uns das denken.

Gott möchte den Kontakt zu uns. Er möchte, dass wir uns an ihn wenden und ihn um alle Einzelheiten bitten. So steht es auch in der Bibel: „Bittet, und es wird euch gegeben!" Es steht dort nicht: „Stellt euch eine Traumwelt vor, und alles wird so sein."

Gott will das Gespräch mit uns, dann wendet er sich uns auch zu.

Gisela Konrad

Geburtshelfer auf der Weide

Es war ein schöner Septembertag im Jahre 1996. Frau Urech war damit beschäftigt, auf ihrem Bauernhof Zwiebeln zu reinigen, um sie für das Winterlager vorzubereiten. Herr Urech, der als Chauffeur bei einem Busunternehmen arbeitete, war gerade an diesem Tag wieder auswärts unterwegs. Rund einen Kilometer entfernt standen ihre Kühe auf der Weide.

Im Laufe des Nachmittags meldete ein Spaziergänger Frau Urech, dass eine Kuh auf der Weide offenbar ein Kalb werfen wolle. Frau Urech begab sich mit dem Fahrrad sofort zur Weide und stellte fest, dass sie allein nichts ausrichten konnte, da es sich um eine besonders wilde Kuh handelte.

Umgehend kehrte Frau Urech zu ihrem Hof zurück, um ihren Nachbarn und dessen Sohn um Hilfe zu bitten. Die Nachbarin teilte ihr jedoch mit, dass beide weggefahren und nicht erreichbar seien. Frau Urech benachrichtigte noch ihre Schwägerin und fuhr dann mit dem Fahrrad wieder zur Weide zurück. Allein konnte sie das Problem nicht bewältigen, das war ihr klar, und so betete sie unterwegs und bat Gott um seine Hilfe.

Als sie an der Weide angelangt war, sah Frau Urech dort einen älteren und einen jüngeren Mann stehen, die sie beide nicht kannte. Nun ging alles sehr schnell. Frau Urech gelang es, die Kuh einzufangen. Die beiden Männer (es waren ein Landwirt und sein Lehrling aus dem Nachbarort) kamen spontan zu Hilfe, und binnen kurzer Zeit kam ein gesundes Kälbchen zur Welt.

Die Männer erklärten Frau Urech anschließend, dass sie eigentlich nur „zufällig“ dort gestanden hatten, weil sie auf einer benachbarten Weide etwas erledigen mussten. Für Frau Urech war dies allerdings alles andere als ein Zufall – sondern eine klare Gebetserhörung. Ohne die Hilfe der Männer hätte die Geburt des Kalbes kaum erfolgreich beendet werden können.

Rudolf Kunz

Ein Engel mit schwarzem Rand

Vor vielen Jahren ging es meiner Mutter gar nicht gut. Sie musste eine komplizierte Augenoperation vornehmen lassen.

Als sie wieder zu Hause war, konnte sie immer noch nicht richtig sehen. Irgendwie konnte sie zwischen Wirklichkeit und Traum nicht recht unterscheiden. Als sie ins Wohnzimmer kam, glaubte sie dort ihren Vater zu sehen, der schon vor vielen Jahren verstorben war. Erschreckt ging sie ins Schlafzimmer. Dort sah sie ihre längst verstorbene Mutter am Bügeltisch stehen und sie anlächeln. Da war sie sicher, nun auch sterben zu müssen, und rief mich an.

Wir haben dann über die Schwierigkeiten gesprochen, und ich glaubte, die Sache sei in Ordnung. Aber nachts wachte ich auf und wusste, dass ich nach Bielefeld fahren sollte.

Ich weckte vorsichtig meine Frau und sagte ihr: „Du, ich muss nach Bielefeld ... wegen Mutter."

Sie sah mich nachdenklich an und sagte nur: „Das stimmt!" Mehr nicht, aber sie hatte das gleiche Gefühl – und damit hatte ich eine Bestätigung.

Bis zum frühen Morgen packten wir meine Sachen zusammen, und sobald es möglich war, rief ich meinen Chef an, um mich vom Unterricht beurlauben zu lassen.

„Herr Rektor, ich muss zu meiner Mutter nach Bielefeld", sagte ich und erwartete seine Standpauke: So gehe das nicht, und ich solle pünktlich in der Schule sein. Aber nein, er sagte nur: „Ich werde den Vertretungsplan richten, fahren Sie."

Wieder wurde mir bestätigt, dass ich mit meiner nächtlichen Vermutung richtig lag.

Zu allem Überfluss war mein Wagen nicht in Ordnung, so dass ich erst spät am Tag losfahren konnte. Aber auch die Probleme ließen sich regeln. Am Nachmittag fuhr ich dann los – siebenhundert Kilometer über die Autobahn bis nach Bielefeld.

Gegen Mitternacht kam ich an. Was sollte ich meiner Mutter sagen, dass ich so plötzlich und dazu noch mitten in der Nacht auftauchte? Aber jetzt gab es keine andere Möglichkeit mehr. Ich fuhr zu ihrem Haus. Ein Fenster war noch beleuchtet. Mutter saß an ihrem Schreibtisch. Ich konnte ihren Schatten im Fenster sehen.

Ich schellte, und sie öffnete. Ich werde nie vergessen, wie sie mich anschaute.

„Ein Engel mit schwarzem Rand", sagte sie. Ich wunderte mich natürlich über diesen merkwürdigen Empfang.

Als wir später beim Essen zusammensaßen, erzählte sie mir: „Ich habe meine Schwestern aus dem Laienorden in Turin angerufen und sie um ein gemeinsames Gebet ersucht. Wir haben dann gebetet. Vor zwei Stunden riefen sie mich an und sagten: ‚Schwester, noch heute Nacht wirst du eine große Hilfe bekommen.' Deshalb saß ich an meinem Schreibtisch und wartete ganz mutlos, denn die Uhr ging auf Mitternacht zu. Kurz bevor die Uhr schlug, kamst du – und du schienst mir wie ein Engel."

Ich erzählte ihr von dem langen Tag und meiner Fahrt von Süddeutschland nach Bielefeld.

Am nächsten Morgen haben wir intensiv gearbeitet und „sehen" geübt. Durch meine Arbeit mit Blinden habe ich einiges gelernt und konnte ihr helfen, zwischen Traum und Wirklichkeit zu unterscheiden.

Drei Tage später fuhr ich zurück. Meine Arbeit war getan. Die Schule wartete wieder.

In der Schule war alles in Ordnung. Wenn ich noch länger geblieben wäre und Urlaub gemacht hätte? Dann wäre es sicher schwierig geworden.

Gottfried Zurbrügg

Gottes Terminkalender

Im Dezember 1992 und Januar 1993 bestellte ich aus Brasilien eine größere Menge Pflanzen, welche ich nebenberuflich pflege. Durch die Beschaffung des Pflanzenschutzzeugnisses und der Ausfuhrgenehmigung verstreicht in Brasilien bis zur Auslieferung eine Frist von mehreren Monaten. Als ich Anfang April immer noch ohne Reaktion aus Brasilien war, befürchtete ich, dass die Lieferung der Pflanzen in meine Ferien Anfang Juni fallen könnte. Da es sich um eine größere Lieferung von Orchideen mit nackten Wurzeln handelte, welche rasch eingepflanzt werden mussten, war es mein Anliegen, dass die Lieferung zu einem für mich günstigen Zeitpunkt erfolgte. So brachte ich das Problem entsprechend im Gebet vor Gott.

Am 16. April war die Beerdigung eines Gemeindemitgliedes. Ich hatte vorerst vor, vom Arbeitsplatz zur Beerdigung zu fahren und zurückzukehren. Am 15. April fühlte ich mich trotz der Fülle der Arbeit innerlich gedrängt, am 16. April einen Tag Überstunden zu kompensieren. So meldete ich mich kurzfristig für diesen Tag im Büro ab.

Der Tagesablauf am 16. April sah dann folgendermaßen aus:

Um 6.15 Uhr (zu einer Zeit, wo ich normalerweise bereits auf dem Weg zur Arbeit bin) rief unsere älteste Tochter an und teilte uns mit, dass die für den 23. April errechnete Geburt des 4. Kindes kurz bevorstehe. So holten wir zwei Enkelkinder zu einem vorübergehenden Aufenthalt zu uns.

Mittags rief ein Mitarbeiter vom Frachtimportbüro des Flughafens Kloten an und meldete die Ankunft der bestellten Pflanzen aus Brasilien. Zur gleichen Zeit erblickte das angekündigte Enkelkind das Licht der Welt.

Um 14.00 Uhr nahm ich an der Beerdigung des verstorbenen Gemeindemitgliedes teil. Anschließend holte ich die Pflanzen in Kloten ab, packte diese aus und bereitete für den 17. April (Samstag) die Einpflanzaktion vor.

Im Rückblick muss ich sagen: Das war Maßarbeit! Wenn wir Gott auch unseren Terminkalender anvertrauen, können wir manchmal nur noch staunen.

Rudolf Kunz

Hilfreiche Autopanne

Im Sommer 1997 planten meine Töchter Sonja (24), Monika (23), Heidi (21), Enkelin Lisa (5) und ich einen gemeinsamen Urlaub in Italien. Ein bisschen mulmig war mir schon, wenn ich daran dachte, die Verantwortung für alle zu tragen. Da ich ungern weite Strecken mit dem Auto fahre, war bin ich erleichtert, als mein Mann Klaus sich anbot, uns zu begleiten. Für eine weitere Person war unser Auto aber leider nicht gebaut. Monika schlug deshalb vor, mit dem Fahrrad zum Urlaubsort zu fahren. Sie und ihr Mann sind begeisterte Zweiradfreaks und scheuen nicht die weite Reise von über tausend Kilometern.

An einem Tag wollten wir einen Ausflug in einen Freizeitpark unternehmen. Moni und Lisa fuhren mit dem Zug zum Treffpunkt, da wir nicht alle zusammen in den Wagen passten. Mein Mann vereinbarte mit ihnen, sie am Bahnhof abzuholen. Wir anderen warteten am Eingang des Parks –

doch es dauerte zwei Stunden, bis wir alle wieder zusammentrafen. Was war passiert?

Klaus war pünktlich am Bahnhof. Er wartete vergeblich auf einen Zug. Nach Auskunft des Bahnbeamten hatte an diesem Tag der Winterfahrplan begonnen, wodurch einige Verbindungen gestrichen worden waren.

„Ich muss zurückfahren und die beiden in der Ferienwohnung abholen“, dachte mein Mann und stieg in das Auto. Er versuchte zu starten, aber der Motor sprang nicht an. Ratlos sah er sich um. Weder ein Telefon noch ein Abschleppdienst waren in der Nähe. Nicht einmal ein Wörterbuch hatte er dabei, um sich zu verständigen.

Nach einer Stunde kam ein Taxi angefahren, und Klaus wollte gerade einsteigen, als Moni und Lisa unerwartet um die Ecke kamen. Erleichtert lief er auf sie zu und erfuhr, dass wegen der vielen Fahrgäste eine Sonderfahrt eingesetzt worden war.

Während sich die drei ins Auto setzten, erzählte mein Mann von seinem missglückten Versuch, den Motor zu starten. Mit gemischten Gefühlen drehte er den Autoschlüssel: Der Motor sprang ohne Probleme an. Zur Sicherheit ließ er später den Wagen noch einmal in einer Werkstatt durchchecken: Dort konnte kein Fehler gefunden werden.

Als wir endlich alle wohlbehalten wieder zusammentrafen und die Ursache der Verspätung erfuhren, sagten wir aus tiefstem Herzen: „Gott sei Lob und Dank!“ Dieser Nachmittag war für uns eine Bestätigung, dass wir uns in allen Lebenslagen auf Gott verlassen können.

Die kleine Lisa kommentierte das Erlebnis später so: „Gott kennt sich aus mit Menschen und mit Autos. Er hat das Auto kaputt gemacht und wieder ganz, damit Klaus uns am Bahnhof nicht verpasst. Weil sonst ist es immer angesprungen ...“

Gerlinde Jung

„Das habt ihr mir getan“

Was ihr getan habt den Geringsten unter meinen Brüdern, das habt ihr mir getan.“
Mit dieser Bibelstelle habe ich immer ein bisschen Schwierigkeiten gehabt, denn den Geringsten gibt es für mich nicht, seit ich auch in einer Sonderschule für schwerstbehinderte Kinder gearbeitet habe. Ich habe gerade dort Menschen wie Stefanie kennen gelernt, die mich beeindruckt haben. Es gibt viele Schicksale, die Menschen aus der Bahn werfen können, und mir steht ein Urteil nicht zu.

Trotzdem gibt es auch Vorurteile, gegen die man sich nicht wehren kann, die einfach da sind.

Vor Jahren fuhr ich wie gewohnt durch den Schwarzwald. Es war wieder einmal viel schiefgegangen, und ich fühlte mich erfolglos und nutzlos. In meiner traurigen Stimmung bat ich: „Lass mich doch diesen Tag noch etwas Besonderes tun, damit der Tag nicht nutzlos war.“

Da war mir, als würde jemand zu mir sprechen: „Nimm den Mann am Straßenrand mit.“

Ich kannte diese leise Stimme, diese Gedanken, die plötzlich kommen. So hat mich der Herr viele Jahre lang geführt.

Neugierig schaute ich nach vorn. Da stand er schon! Ein junger Mann mit entsetzlich schmutziger Kleidung, der sichtlich erschöpft war, aber auch nicht wagte, ein Auto anzuhalten. Sein Blick flehte darum, dass jemand hielt, aber sein Daumen zeigte nichts an.

Natürlich habe ich angehalten und ihn mitgenommen. Er wollte keine andere Strecke fahren, sondern nur bis in das nächste Dorf. Es war kein großer Auftrag, und ich habe nie erfahren, warum er so schmutzig war und wie es ihm weiter ergangen ist. Aber das war auch nicht mein Auftrag. Der bestand nur darin, ein paar Minuten für ihn dazusein und eine kurze Wegstrecke mit ihm zu gehen. Trotzdem war dieser Tag für mich ein besonderer Tag geworden – und auch heute denke ich gern daran zurück.

Nur brauche ich heute nicht mehr die Aufforderung, sondern ich habe auch ein wenig sehen gelernt: wer von meinen Schülern ein aufmunterndes Wort braucht, mit wem ich auf meinen vielen Wegen durch die Stadt ein Stückchen gehe, wer ein freundliches Wort oder einen Gruß auf der Straße braucht. Es sind so viele Menschen, die mit uns gehen. Ein Lächeln kostet nichts und hilft viel!

Gottfried Zurbrügg

Zu spät!

Es war Mitte Dezember. Meine Mutter war krank. Den ganzen Sonntag war ich zu Hause bei ihr gewesen. Wir waren uns in dieser Krankheitszeit recht nahe gekommen, eigentlich so nah wie nie zuvor. Ich wollte in mein Zimmer nach Bielefeld fahren, um dort noch an einem Geschenk für meine Mutter zu arbeiten.

„Willst du nicht hier bleiben?“, fragte meine Mutter, als ich gehen wollte.

„Nein, Mama, ich komme ja morgen wieder“, sagte ich. Noch ein lieber Gruß – und ab zum Bahnhof.

Etwa 20 Minuten später lief der Zug in Bielefeld ein. Während ich den Bahnsteig entlangging, kam mir plötzlich der Gedanke: „Du solltest zurückfahren!“ Aber ich lief weiter, gab die Fahrkarte ab, ging über die Bahnhofstraße an der Presse vorbei und landete vor meiner Haustür. Dort blieb ich stehen, um den Hausschlüssel herauszunehmen, und hörte einen Zug über die Schienen rattern.

Ich schaute hinüber, fasste mich an den Kopf und dachte: „Wenn du dich beeilst, kannst du den letzten Zug nach Hause noch erreichen!" Während ich mir das Haar aus der Stirn strich, überlegte ich: „Dann wird Mama denken, dass sie heute sterben wird."

Mit einem Ruck drehte ich mich zur Tür, schloss auf und trat ins Haus.

In meinem Zimmer ging ich gar nicht an die Stickerei für Weihnachten, sondern erledigte meine Weihnachtspost, räumte mein Zimmer auf, als würde ich länger fortfahren, und hängte mein schwarzes Jackenkleid an den Schrank, um es am nächsten Morgen anzuziehen. Gegen 3 Uhr fiel ich todmüde ins Bett.

Morgens kurz vor 7 Uhr wurde meine Wirtin geweckt. Mein Vater stand vor dem Haus und rief meinen Namen. Ich eilte hinunter und sah seinem Gesicht an, dass etwas Schlimmes passiert sein musste. Ich sagte: „Nimm mich so mit nach Hause. Ich kann mich dort noch anziehen!"

Völlig verstört antwortete er: „Du musst dich nicht mehr beeilen. Mama ist tot."

Entsetzt starrte ich ihn an. Was war geschehen?

Etwa gegen 22.30 Uhr – zu der Zeit, als ich hätte daheim sein können – löste sich ein Thrombus und führte zu einer Embolie. Meine Mutter klopfte um Hilfe. Vater rief den Krankenwagen und fuhr mit ihr ins Krankenhaus.

Dort konnte dieser erste Ansturm erfolgreich behandelt werden. Mama wurde mit ihrem Bett ins Bad geschoben. Dort lag sie. Allein. Die Nachtschwester schaute ab und zu nach ihr.

Morgens um 6 Uhr, als der Frühdienst begann, kam meine ehemalige Stationsschwester zu ihr ans Bett und sagte: „So, jetzt werden wir Sie waschen, und dann benachrichtigen wir Ihre Tochter, damit Sie nicht mehr so allein sein müssen."

„Ach, lasst mich doch sterben", erwiderte meine Mutter. „Ich habe keine Lust mehr, immer zu warten."

Ein zweiter Anfall schüttelte sie, und noch ehe ein Arzt zur Stelle sein konnte, war sie verstorben.

So viele Menschen habe ich auf ihrem letzten Weg begleitet – und meine Mutter musste einsam sterben. Allein. In einem Badezimmer. Mit einer diplomierten Krankenschwester als Tochter, die niemand benachrichtigt hatte. Man hatte es einfach vergessen. Aber ich hätte es wissen können ...

Inzwischen habe ich gelernt, Hinweise dieser Art sofort und sehr genau zu beachten.

Marlis Ackermeier

Nicht nur in der Heiligen Nacht

In unserer Nachbargemeinde war dem jungen Aushilfspfarrer eine Stelle zugewiesen worden! Die Gemeinde lag zwar etwas abseits der großen Verkehrswege und die Häuser drei Dörfer weit verstreut, aber er war glücklich.

Noch vor dem Weihnachtsfest wollte er alle seine Gemeindemitglieder besuchen. Zeitig machte er sich am Vormittag des Heiligen Abends auf den Weg, ein paar Brote lagen als Mittags-Proviant auf dem Beifahrersitz.

Gleich im ersten Dorf konnte er ein krankes Kind trösten und mal schnell im Nachbarort das Fieber senkende Mittel besorgen, damit die Mutter daheim bleiben konnte. Später half er einen Christbaum schmücken, weil die schwangere Frau nicht mehr auf den Stuhl steigen konnte.

Dann ertrug er geduldig das Jammern einer depressiven Frau. Schließlich teilte er sein Brot mit einem Schwererziehbaren, den er auf der Straße aufgelesen hatte.

Als er ins nächste Dorf kam, war die Mittagszeit lange überschritten. Drei Besuche bei zufriedenen Menschen verhalfen ihm selbst zu mehr Weihnachtsfreude, auch ein Ehestreit, den er – vielleicht für längere Zeit – schlichten konnte.

Flüchtig blickte der Pfarrer auf die Uhr, während er über die schneeverwehte Straße zum nächsten Ort fuhr. Nur noch eine Stunde bis zum Gottesdienst!

Jetzt war es schon dunkel. Aber er wollte auch hier seine „Schäfchen“ nicht enttäuschen. Ob die kranke junge Frau die Weihnachtstage noch überleben würde?, sinnierte der Geistliche, als er zum letzten Mal in sein Auto stieg. Jetzt waren die Scheiben schon vereist. Schneetreiben setzte ein.

„Wenn ich den Weg über den Weinberg nehme, kürze ich ein Stück ab. Dann müsste ich noch fast rechtzeitig an der Kirche eintreffen“, überlegte er und bog von der Straße ab.

In der Zwischenzeit hatten sich die Schulkinder des Hauptortes in der Kirche versammelt. Es war dunkel, die große Krippe noch verhüllt. Die Kinder, die beim Spiel mitwirken durften, trippelten in ihren Kostümen unruhig von einem Fuß auf den anderen. Der Engel in seinem weißen Kleid fror vor sich hin. Nur der Pfarrer fehlte.

Aber der war aus anderen Gründen unruhig. Genau auf der Höhe des Hügels war er offenbar falsch abgebogen. Rechts und links berührten seine Kotflügel schon fast die Weinstöcke. Nun kam er ins Rutschen und steckte fest. An ein Rückwärtsfahren war nicht mehr zu denken, an ein Umkehren erst recht nicht. Was sollte er tun? Die Zeiger seiner Armbanduhr leuchteten schwach. Sie rückten unaufhaltsam vorwärts.

Der Pfarrer erwog jetzt, zu Fuß zu seiner Kirche zu eilen, aber in dieser eintönigen Schneelandschaft wusste er nicht einmal mehr genau, ob er sich nach rechts oder nach links halten musste. Von Ferne hörte er eine Kirchturmuhr schlagen.

In der mittlerweile überfüllten Kirche schritt die Zeit ebenso vorwärts. Ich hatte als junge Lehrerin mit den Kindern das Weihnachtsstück eingeübt. Doch der Pfarrer fehlte und mit ihm das Signal zum Beginn des Gottesdienstes. Wie lange konnten wir noch warten? Endlich verständigte ich mich durch kurzen Blickkontakt mit dem Kantor. Dann trat ich entschlossen vor und sagte: „Wir werden jetzt mit unserer Krippenfeier beginnen. Unser Pfarrer ist anscheinend verloren gegangen ... Vielleicht kommt er noch mit den Hirten."

Und so begannen die Kinder ihren Gottesdienst. Für eine Weile vergaßen sie sogar Eltern und Großeltern im Kirchenschiff und scharten sich als Hirtinnen und Hirten um die Krippe und sangen wie die Engel.

Der Pfarrer stand unterdessen immer noch hilflos und verloren im Weinberg. Eine Zeit lang hatte er gehupt, dann die Fernlichter wie Morsezeichen benutzt. Vergebens.

Schließlich fürchtete er, dass er die Batterie überforderte.

„Nun müssten die Teilnehmer des Kindergottesdienstes schon zu Hause sein", dachte er. Ob er wohl die ganze Nacht hier in der Kälte verbringen musste? Immer wieder richtete er ein kurzes Gebet zu seinem Herrn.

Hätte er nur gewusst, dass bereits Gemeindemitglieder ausschwärmten, um ihn zu finden! Seine Uhr zeigte 10 Uhr. Der Schnee verschluckte jeden Laut.

Plötzlich entdeckte der junge Pfarrer ein Lichtzeichen: In einem Bauernhof unten im Tal gingen Lichter gleichmäßig an und aus. War das für ihn bestimmt?

Jetzt war ihm, als tuckere ein Traktor in seine Richtung.

Dann unterschied er Stimmen, unverständlich zuerst, dann Rufe. Schließlich sah er den Scheinwerfer des Traktors.

Schnell war sein Wagen am Heck angehängt. Er musste nur die Kupplung treten und die Bremsen lockern. So zog man das „verlorene Schaf“ nicht aus den Dornen, aber aus den verschneiten Reben.

Später saßen wir alle gemeinsam in der Mitternachtsmette. Noch nie hat ein Pfarrer so inbrünstig das Lied „Nun danket alle Gott“ angestimmt, aber auch die Gemeinde fiel kräftig ein.

Im Anschluss an den Gottesdienst stand der Pfarrer sinnend vor der Krippe. Ich wollte mich verabschieden und ihm frohe Weihnachten wünschen, aber er hörte mich nicht.

Nachdenklich nahm er den Hirten zur Hand, der ein Schaf auf seinen Schultern trug, und stellte ihn ganz nahe zum Krippenkind. „Lass mich beides sein, Hirte und Schaf“, bat er leise.

Später erzählte er mir, es sei ihm in diesem Augenblick so vorgekommen, als hätte er eine Stimme gehört: „Du weißt doch, du wirst nie verloren sein. Nicht nur in der Heiligen Nacht.“

Maria de Yupanqui

Ein neuer Arbeitsplatz

Vor einigen Jahren gab es eine Zeit, in der ich sehr unglücklich an meinem damaligen Arbeitsplatz war. Und so suchte ich dringend eine neue Stelle. Ich hatte schon viele Bewerbungen losgeschickt, aber entweder gar nichts mehr gehört oder nur Absagen erhalten.

Eines Tages räumte ich unseren Keller auf und dachte über meine unerfreuliche Arbeitsplatzsituation nach. Wie erniedrigend war es doch, dauernd um eine neue Arbeitsstelle zu betteln – und keiner schien mich haben zu wollen ...

Plötzlich fand ich mich auf meinen Knien wieder. Inbrünstig betete ich: „Lieber Gott, was auch immer noch geschieht, egal wie viele Absagen noch kommen, von dir kriegt mich keiner weg! Dich brauche ich um so mehr! An dir halte ich mich ganz fest." Getröstet stand ich auf und machte meine Hausarbeit weiter.

Als ich eine Stunde später zum Briefkasten ging, lag eine Einladung zu einem Vorstellungsgespräch im Kasten. Und was noch wunderbarer war: Am selben Tag rief mich eine sehr nette Dame an und wollte wissen, ob ich immer noch an einer bestimmten Tätigkeit interessiert sei. Diese Dame ist bis heute meine Vorgesetzte, und ich liebe meine Arbeit sehr!

So rasch und so deutlich können Gottes Antworten sein.

Eine weitere Gebetserhörung habe ich bei meiner Arbeit erlebt: Wir hatten vorübergehend eine Vorgesetzte, unter der viele Kollegen und auch ich sehr litten. Mit zittrigem Herzen ging ich fast täglich zur Arbeit.

Ich schrieb viele tröstende Worte auf kleine Zettel, die heute noch meinen PC-Bildschirm säumen. Einen Trostspruch sagte ich mir fast täglich auf: „Wir wissen aber, dass denen, die Gott lieben, alle Dinge zum Besten dienen, denen, die nach seinem Ratschluss berufen sind" (Römer 8,28).

In dieser Zeit öffnete mir Gott die Augen dafür, dass andere Kolleginnen und Kollegen auch sehr unter der Situation litten. Wir führten in dieser Zeit so manches intensive Gespräch – und es entstand unter uns eine enge

Gemeinschaft, wie sie sonst vielleicht niemals entstanden wäre.

Heute bin ich selbst Vorgesetzte. Ich glaube fest, dass ich in dieser schlimmen Zeit vieles über Menschenführung gelernt habe. Und ich hoffe, dass meine Mitarbeiter davon profitieren.

Gisela Konrad

Wenn ich nicht mehr weiter weiß

Alle eure Sorgen werft auf ihn, denn er sorgt für euch" (1. Petrus 5,7).

In einer Arbeitsgruppe musste ich eine Zeit lang mit einer Person zusammenarbeiten, durch die ich mich immer wieder angegriffen, ja beschämt fühlte. Was sollte ich tun? Zurückschlagen – mit Worten? Nein, wir sollen doch unsere Feinde lieben. Aber diese Person lieben? Ich hatte ja schon große Mühe, dass ich ihr unmögliches Verhalten vergeben konnte. Ich musste dauernd beten, dass ich sie wenigstens nicht hasste.

Wieder stand ein gemeinsamer Abend bevor. Ich musste etwas tun! Aber was? Und: musste ich wirklich? Krämpfe durchzogen meinen Magen, Kopfschmerzen quälten mich.

Auf der Hinfahrt konnte ich nur noch eines, nämlich endlich loslassen. Ich betete: „Bitte Herr, beschütze du mich vor weiterer Scham und Peinlichkeit. Ich kann es wirklich nicht mehr ertragen."

Beruhigt fuhr ich zu meiner Arbeitsgruppe, denn ich war sicher, Gott würde mir helfen.

Als ich dort ankam, wurde mir auch gleich mitgeteilt, dass die besagte Person nicht kommen könnte. Sie sei durch einen anderen Termin verhindert.

„Oh Herr, dir ist nichts unmöglich!"

Natürlich können wir in unserem Leben nicht immer davonlaufen! Das Verhältnis zu dieser Person hat sich durch gemeinsame Gespräche später tatsächlich gebessert. Aber es war für mich damals sehr tröstlich zu erleben, dass Gott immer da ist, wenn ich nicht mehr weiter weiß.

Gisela Konrad

Beim Wort genommen

Für unsere Mädchengruppe aus mehreren Gemeinden hatten wir eine erste gemeinsame Jugendtagung im Weserbergland geplant. Wir wollten, dass sich die Mädchen bei Wanderungen, Sport, Spiel und Gesprächen besser kennen lernten, und hofften gleichzeitig, dass wir ihnen durch die Gemeinschaft ein Stück Lebenshilfe und Orientierung mit auf den Weg geben konnten.

Für diese Freizeit hatte ich meinen dreiwöchigen Jahresurlaub genommen. Eine Woche Vorbereitung, eine Woche Jugendtagung und dann noch eine Woche Erholung am Timmendorfer Strand – so hatte ich mir die Zeit eingeteilt.

Die Jugendtagung begann. Am Tag unserer Anreise schien die Sonne, aber im Westen zeigten sich bereits düstere Wolken. Der Jugendherbergsvater meinte mitleidig zu uns: „Da habt ihr aber Pech mit dem Wetter! Für die ganze Woche ist Regen angesagt!"

Das klang gar nicht gut! Als Erstes ging ich zu dem

Steinbruch, in dessen Schutz unser für den Abend geplantes Lagerfeuer stattfinden sollte.

Es war gegen 3 Uhr nachmittags, und die Wolken türmten sich dunkel über den Baumwipfeln, so weit man sehen konnte. Der Wind blies böig. Realistischerweise mussten wir jeden Moment mit Regen rechnen.

Ich wusste, was von dieser Tagung für die Mädchenarbeit in unseren Gemeinden abhing. Wir brauchten eine gute Zeit der Gemeinschaft, um die Grundlage für eine tragende Jugendarbeit zu legen. Es lag mir so viel daran, die Mädchen darauf vorzubereiten.

Da kniete ich mitten in dem Steinbruch nieder und bat Gott, unsere Tagung zu segnen. Ich bat ihn inständig, uns das Wetter zu geben, das wir brauchten, um die vorbereiteten Programmpunkte auf gute Weise durchführen zu können und bot ihm im Gegenzug meine Zeit an der Ostsee an. Da könne es ruhig regnen, meinte ich.

Wir hatten wundervolle Tage. Es schien zwar nicht immer die Sonne, aber es war wenigstens trocken und mild. Wir saßen abends am Lagerfeuer – unter einem sternenübersäten Himmel! Der Herbergsvater konnte es nicht glauben. Von jenem Gebet im Steinbruch habe ich ihm nichts erzählt. An den folgenden Tagen regnete es fast überall um uns herum, aber wir konnten alles durchführen, was wir geplant hatten.

Am letzten Tag begann es zu stürmen. Schwere Gewitter gingen über uns nieder. Den ganzen Sonntag über goss es in Strömen, aber da hatten wir unser sportliches Programm draußen bereits abgeschlossen. Wie geplant, gestalteten wir noch einen Nachmittag für die Eltern, bevor alle nach Hause zurückkehrten.

Ich fuhr an die See. Und was soll ich sagen? Gott hat mich beim Wort genommen: Ich hatte 6 Tage Regenwetter – und dann noch einen Tag herrlichsten Sonnenschein.

Magret Zurbrügg

Der Kopierer

Mehrere Jahre lang hatte ich mein Büro in einem Hochhaus, in welchem neben einem externen Unternehmen auch verschiedene staatliche Dienststellen untergebracht waren. Mehrere Abteilungen benutzen gemeinsam denselben Kopierer. Damit die Kopien für die einzelnen Abteilungen gesondert abgerechnet werden konnten, besaß jede Abteilung einen so genannten „Stecker“ mit der Abteilungsdefinition, der die Anzahl der Kopien addierte. Unsere Abteilung hatte diesen Stecker an einem bestimmten Platz im Abteilungssekretariat deponiert.

Eines Nachmittags klopfte es an meiner Bürotür. Eine Mitarbeiterin, nennen wir sie Frau Müller, schaute herein.

„Herr Kunz, haben Sie den Stecker zum Kopierer?“, fragte sie. „Er liegt nicht an seinem Platz!“ Ich schüttelte den Kopf und war froh, dass ich nicht dringend etwas kopieren musste. Gemeinsam überlegten wir, wer den Stecker wohl eingesteckt oder verlegt haben könnte.

Als ich am späteren Nachmittag doch einige Kopien brauchte, fragte ich in allen Büros und auch bei Frau Müller nach dem Stecker. Leider ohne Erfolg.

Am nächsten Morgen setzte ich meine Nachforschungen fort. Der Stecker blieb jedoch verschollen. Jetzt kam ich tatsächlich in Schwierigkeiten, denn ich musste dringend Kopien erstellen, die ich für einen Geschäftsabschluss brauchte.

Noch einmal ging ich ins Sekretariat. Frau Müller erklärte mir wieder, dass sie keine Ahnung habe, wo der Stecker sei. Er sei einfach spurlos verschwunden.

Für mich wurde die Lage prekär. Ich sollte dringend Kopien erstellen. Mir blieb nur noch ein lautloses Stoßgebet zu meinem Herrn: „Herr, du weißt, dass ich dringend kopieren muss. Du kennst auch denjenigen, der den Stecker verlegt hat! Du kannst ihm ins Gedächtnis rufen, wo er ihn hingetan hat! Bitte!“

Ich hatte mein Stoßgebet noch nicht beendet, als mich Frau Müller mit weit aufgerissenen Augen ansah und stotterte: „Herr Kunz, das darf doch nicht wahr sein! Jetzt kommt mir etwas in den Sinn. Ich habe gestern für mich einige Privatkopien gemacht.“ Sie stand auf und ging zu einem Pult, zog eine Schublade auf, in der sie einige private Dinge aufbewahrte, und entnahm, begleitet von vielen Entschuldigungen, den gesuchten Stecker!

Ich erzählte ihr von meinem Stoßgebet und der unverzüglichen Erhörung.

Rudolf Kunz

Gott weiß, wo wir suchen

Sehr deutlich habe ich Gottes Hilfe in einer kleinen Angelegenheit im März 1998 erfahren. Vielleicht bin ich ein besonders vergesslicher Mensch, aber Gott hilft uns gerade in unseren Schwächen.

Im Herbst 1997 wasserte ich mein Schiff aus, das an einem Bootssteg in einer Nachbargemeinde stationiert war. Anschließend transportierte ich es zum Winterlager in meinen Garten. Wie üblich reinigte ich das Schiff und reparierte einzelne Gegenstände. Mein Sohn konnte ab Frühjahr vom bisherigen Stegbesitzer einen Bootsplatz mieten. Mit dem Stegeigentümer hatte ich vereinbart, dass ich den Schlüssel zur Steganlage direkt meinem Sohn übergeben würde.

Anfang März 1998 wollte ich meinem Sohn den Schlüssel übergeben. Ich hatte diesen mit den übrigen Schlüsseln zum Boot üblicherweise an einem bestimmten Platz deponiert. Aber: Die Schlüssel waren dort nicht aufzufinden. Ich durchsuchte die alten Kleidungsstücke im Keller, die ich beim Auswassern des Bootes getragen hatte. Aber der Schlüssel fand sich nicht.

An den folgenden Tagen suchte ich immer wieder alle Räume ab, wo ich Bootsgegenstände gelagert hatte. Meine Suche blieb ohne Erfolg. Ich ging noch einmal an den Auswasserungsplatz, suchte sorgfältig den Boden nach Gegenständen ab. Aber auch hier war nichts zu finden. Alles Nachdenken und Überlegen, wo die Schlüssel sein könnten, half nicht weiter.

Schweren Herzens nahm ich mir an einem Samstag vor, am nächsten Arbeitstag auf der Gemeindekanzlei nach abgelieferten Schlüsseln zu fragen. Wenn dies auch erfolglos wäre, wollte ich der Stegeigentümerin den Verlust mitteilen, damit sie mir den verlorenen Schlüssel in Rechnung stellen konnte.

Am Nachmittag des erwähnten Samstags arbeitete ich im Garten. Die Schlüsselgeschichte ließ mir keine Ruhe. Ich konnte mir einfach nicht vorstellen, wo ich die Schlüssel hätte verlieren können. Während ich einen Strauch zurückschnitt, sandte ich ein Stoßgebet zu meinem himmlischen Vater: „Herr, du weißt, wo die Schlüssel liegen. Zeige mir doch bitte, wo ich sie finden kann."

Während ich noch betete, tönte es in mir: „Schau doch in der Schublade des Gangschrankes nach!"

Zuerst stutzte ich verständnislos. Warum gerade dort? Aber im nächsten Moment fiel mir ein, dass wir die Schlüssel 1997 dort im Gangschrank abgelegt hatten, damit die Kinder bei Bedarf das Boot auch benutzen konnten. Natürlich! Warum hatte ich nicht daran gedacht?

Als ich später nachschaute, lagen die Schlüssel tatsächlich dort. Immer wieder durfte ich erfahren, dass unser Herr Gebete erhört, wenn wir ihn ernsthaft in einer Notsituation um Hilfe bitten!

Rudolf Kunz

Die Prüfung

Trachtet zuerst nach dem Reich Gottes, dann wird euch alles andere zufallen."
Ein Wort zum Sonntag, dachte ich immer, aber dann machte ich mit diesem Wort eine ganz persönliche Erfahrung.

Wir lebten damals in Hamm. Zum Studium fuhr ich täglich die fünfzig Kilometer zwischen Hamm und Münster hin und her. Drei kleine Kinder hatten wir, meine Frau war Lehrerin zur Anstellung und musste zweimal wöchentlich Nachmittagskurse besuchen. Kein Wunder, dass wir stets sehr wenig Zeit hatten. Aber dann kam noch etwas hinzu: Unsere Gemeinde bezog ein neues Kirchengebäude, und das zugehörige Gemeindehaus musste dringend renoviert werden.

Unsere Gemeinde hatte damals nur wenige junge Mitglieder. Wir waren als junge Familie zugezogen, und man erwartete von uns intensive Mitarbeit. Meine Frau hielt den Kindergottesdienst, und auch ich half überall, wo es nötig war. Natürlich setzte der Pfarrer auch bei der Renovierung des Gemeindehauses große Hoffnungen auf uns.

Zur gleichen Zeit aber musste ich mich auf die erste Staatsprüfung in Pädagogik vorbereiten. Professor

Blankertz hatte uns eine lange Literaturliste gegeben, die wir durcharbeiten sollten. Mit Mühe schaffte ich es, die Bücher zu holen und auf meinem Schreibtisch zu lagern. Aber zu mehr reichte es kaum.

Dafür machte die Renovierung des Gemeindehauses rasche Fortschritte. Ich konnte einige unserer Konfirmanden gewinnen, mitzuarbeiten. Gemeinsam hatten wir viel Spaß dabei, die alten Tapeten zu entfernen, Wände zu spachteln und neu zu bekleben. Mehr und mehr spürten wir, wie es unser „eigenes" Gemeindehaus wurde.

Wenn ich abends nach Hause kam, warteten meine Frau und die Kinder auf mich. Die Kleinen beklagten sich, dass ich viel zu wenig Zeit hätte. Natürlich brachten wir die Kinder dann gemeinsam ins Bett. An jedem Bett wurde noch eine Gute-Nacht-Geschichte erzählt – und bei der letzten fielen mir selbst fast schon die Augen zu!

Die Prüfung rückte näher – und die Einweihungsfeier für unser Gemeindehaus ebenfalls.

Besorgt bat ich Gott um Rat. Als ich anschließend in der Heiligen Schrift las, fiel mir eine Bibelstelle auf, als sei sie extra für mich geschrieben: „Trachtet zuerst nach dem Reich Gottes, dann wird euch alles andere zufallen."

Ich entschied mich dafür, mit Schwung und Kraft im Gemeindehaus weiter zu arbeiten. Manchmal stellte ich mir morgens um vier Uhr den Wecker und lernte in den frühen Morgenstunden. Aber trotz aller Mühe kam ich nicht so voran, wie es nötig gewesen wäre.

Am Freitag vor der Einweihung war mein Prüfungstermin angesetzt. Am Mittwoch waren wir mit dem Renovieren fertig geworden. Am Donnerstagnachmittag saß ich vor meinem Bücherstapel. Eine ganze Reihe davon hatte ich gelesen, aber reichte das aus? Kleinlaut schaute ich den Stapel an.

„Nun bist du am Zug, Herr“, sagte ich leise. „Das Gemeindehaus ist fertig. Aber wie soll ich die Prüfung schaffen?“

Bevor ich ganz ausgesprochen hatte, fiel mein Blick wie zufällig auf das schmalste Buch: Samuel Robinson – Curriculumentwicklung.

Ich nahm das Buch zur Hand und blätterte darin. Der Inhalt war mir aus früheren Seminaren nicht unbekannt. Das könnte ich wohl noch einmal durcharbeiten.

Den ganzen Nachmittag und bis in die Nacht saß ich an der Arbeit und prägte mir die Thesen des Samuel Robinson ein. Zu den wichtigen anderen Büchern kam ich nicht mehr.

In der Nacht schlief ich unruhig. Früh morgens fuhr ich nach Münster zur Prüfung. Mit klopfendem Herzen betrat ich den Saal, in dem die Klausur geschrieben werden sollte. Auf dem Lehrerpult lagen die Briefumschläge mit unserer Prüfungsaufgabe.

Der Prüfungsvorsitzende kam herein, erklärte uns das Verfahren und zeigte auf die Umschläge. „Hier haben Sie Ihre Aufgabe. Sie haben nun drei Stunden Zeit, das Thema zu bearbeiten.“

In diesem Augenblick kam eine innere Ruhe und Gelassenheit über mich. Eigentlich hätte ich meinen Umschlag gar nicht mehr holen müssen; vor meinen Augen sah ich die Aufgabe schon auf dem Blatt stehen. Natürlich holte ich den Umschlag vorne ab und lächelte, als ich ihn öffnete. Der Herr hatte mich nicht im Stich gelassen.

„Diskutieren Sie die Curriculumentwicklung von Samuel Robinson“ stand in fetter Schrift auf meinem Blatt. Ruhig und glücklich schrieb ich nieder, was ich mir am Nachmittag zuvor erarbeitet hatte. Meine nächtlichen Vorbereitungen gaben mir die nötige Grundlage, um den Inhalt des Buches zu diskutieren.

Zwei Tage später wurde unser neues Gemeindehaus eingeweiht. Für die Gemeinde wurde es ein großer Segen – und für mich bleibt es immer ein ganz besonderes Gotteshaus.

Gottfried Zurbrügg

Große Wünsche – kleine Wünsche

Eine gute Freundin träumte zusammen mit ihrer Familie von einem Haus mit einem großen Garten drumherum, in dem die beiden Kinder spielen könnten.

„Das Schönste", so schwärmte sie weiter, „wäre ein Kirschbaum. Wir essen alle so gerne Kirschen. Außerdem hatte meine Oma einen Kirschbaum im Garten. Damit verbinde ich irgendwie eine glückliche Kindheit."

Es dauerte ein paar Wochen, da erwarb meine Freundin zusammen mit ihrem Mann ein geräumiges Haus mit einem großen Garten. Darin standen sogar *zwei* Kirschbäume. Gott ist nicht kleinlich!

„Von der Omi wünsche ich mir einen Schlitten und vom lieben Gott den Schnee!" So lauteten die Weihnachtswünsche meines damals knapp vierjährigen Sohnes. Aber wie so oft in den Jahren zuvor regnete es und regnete es nur.

Am 23. Dezember war die Generalprobe für das Krippenspiel angesetzt. Mein Mann und ich, wir mussten noch zwei große Leinwände, die Bethlehem darstellen sollten, vom Gemeindehaus in die Kirche bringen. Das wollten wir zwischen dem ersten und zweiten Probendurchgang machen. Als ich die Tür von der Sakristei ins Freie öffnete, konnte ich nur noch staunen: Es schneite dicke, weiche Flocken. Im Nu waren die Straßen weiß – so weiß, dass mein Mann und ich die Bühnenbilder zu Fuß holen mussten.

Heiligabend lag überall Schnee. Unter dem Weihnachtsbaum stand ein wunderschöner Schlitten, den eine liebevolle Omi schon bei Regenwetter besorgt hatte. Auch für die Omi war ein Herzenswunsch in Erfüllung gegangen: Sie sah zwei glücklich strahlende Kinderaugen.

Gisela Konrad

Radtour mit Lisa

Meine Enkelin Lisa (5) hat ein neues Fahrrad bekommen. An einem schönen Sommertag unternehmen wir zusammen eine Radtour. Unser Ziel ist ein Spielplatz im Nachbarort. Wir sind schon zwei Kilometer gefahren, als ich am Himmel eine dunkle Wolke entdecke. Lisa und ich machen Rast, um uns etwas auszuruhen. Immer trüber wird das Wetter.

Ich wende mein Rad und sage: „Komm Lisa, wir müssen umkehren, sonst werden wir nass!"

Lisa beugt sich über ihr Lenkrad und betet: „Jesus, bitte lass es nicht regnen. Amen!" Dann schwingt sie sich auf ihr Fahrrad und fährt den Weg, den wir gekommen sind, zurück.

Während wir nebeneinander herfahren, erzählt mir Lisa von ihrem letzten Radausflug: „Einmal hätte ich fast eine kleine, hässliche, eklige Schnecke überfahren. Aber ich kam noch vorbei. Ich bin dann einer Frau ans Bein gefahren. Schnecken sind doch auch Lebewesen, gelle Oma!"

Je näher wir nach Hause kommen, desto schöner wird das Wetter. Zuletzt strahlt die Sonne ganz warm. Lisa sagt: „Siehst du, Oma. Wie gut, dass du mich dabei hattest, sonst wären deine Kleider jetzt ganz schön nass."

Gerlinde Jung

Ich will ihnen antworten, bevor sie rufen

Seit vielen Jahren beschäftige ich mich in der Freizeit mit Orchideen. Im Hinblick auf meinen absehbaren Ruhestand begann ich Ende 1995 das in einem kleinen Gewächshaus kultivierte Sortiment weitgehend auf Frauenschuh-Hybriden umzustellen.

Im Frühjahr 1997 stellte ich plötzlich an etlichen Pflanzen seltsame Pigmentflecken fest. Sofort spritzte ich die Pflanzen wiederholt gegen Schädlinge und Pilze, doch die Flecken blieben. Waren Schädlinge, Pilze oder gar ein kaum zu bekämpfender Virus die Ursache? Die Frage beschäftigte mich stark.

Bald darauf fand ein Kongress der Orchideengesellschaft statt, an dem ich teilnahm. Eigentlich hatte ich mir vorgenommen, einige Blätter mitnehmen, um einen erfahrenen Gärtner um Rat zu fragen. Aber dann vergaß ich es doch.

Auf dem Kongress gab es einen sehr interessanten Lichtbildervortrag eines Pflanzenspezialisten über eine Reise durch Madagaskar zu sehen und zu hören. Die farbenprächtigen Bilder und die fachkundigen Ausführungen lenkten mich von meinen Sorgen um die eigenen Pflanzen ab.

Am Schluss des Vortrags lud der Referent die Teilnehmer ein, bei Gelegenheit seine eigene Sukkulentensammlung in

Zürich zu besuchen. Gleichzeitig warb er für Mitglieder in den Förderverein dieser Sammlung. Die Mitglieder würden pro Jahr zwei Sonderhefte mit nützlichen Pflanzenbeschreibungen und Fachbeiträgen erhalten. Ich erkundigte mich, wo sich denn die Gewächshäuser in Zürich befänden, und erhielt vom Referenten die Adresse.

Anschließend saß ich mit Bekannten noch eine Weile zusammen. Plötzlich stand der Referent vor mir und sagte: „Ich habe hier ein interessantes Sonderheft für Sie. Darin sind alle Krankheiten und Schädlinge der Pflanzen beschrieben. Ich schenke es Ihnen!"

Ich war überrascht und erfreut zugleich. Warum gab mir dieser Mann das Sonderheft – ausgerechnet mit jenem für mich so brennend aktuellen Thema?

Rasch fand ich mit Hilfe des Heftes heraus, dass das Problem meiner Pflanzen gar keine echte Krankheit war – sondern ganz einfach Düngermangel! Gott hatte mir geantwortet, ehe ich ihn darum gebeten hatte.

Rudolf Kunz

So einfach – und so schwer

Gottes Ohren hören anders – aber wie? Worauf hört Gott? Haben wir nicht die Zusage Gottes: „Bittet, so wird euch gegeben; suchet, so werdet ihr finden; klopfet an, so wird euch aufgetan"? (Lukas 11, 9)

Wie oft habe ich schon gebeten oder gebetet, wie oft habe ich schon zu Gott geschrien, wird jetzt mancher Leser vielleicht denken, nie habe ich eine Antwort von Gott erhalten, so laut und oft ich auch geschrien hatte. Ich glaube, unsere Schwierigkeit liegt darin, dass wir

Menschen einfach lernen müssen, Gottes Antworten überhaupt wahrzunehmen – das heißt zu *hören*, zu *fühlen* oder zu *sehen*, je nachdem, wie Gottes Antwort für uns aussieht.

Um zu wissen, wie Gott antwortet, wäre es sicher gut, eine Vorstellung davon zu haben, wie Gott überhaupt mit uns in Kontakt tritt.

Die schönste und deutlichste Gottesbegegnung ist für mich im Alten Testament im 1. Königebuch beschrieben. Der große Prophet Elia ist vor der zornigen Königin Isebel auf Gottes Befehl hin zum Berg Horeb geflohen. Dort wartet er in einer Höhle auf das Erscheinen Gottes. Eindrucksvoll erzählt die Bibel von einem furchtbaren Sturm, der Berge zerriss und Felsen zerbrach – aber Gott war nicht im Sturm. Dann kam ein fürchterliches Erdbeben – aber Gott war nicht im Erdbeben. Danach kam eine grausame Feuersbrunst – aber Gott war nicht im Feuer. Zuletzt kam noch ein stilles sanftes Sausen. Als Elia dieses feine Sausen hörte, verhüllte er sein Gesicht im Mantel und trat an den Eingang der Höhle. Da sprach Gott selbst zu ihm.

Nicht die lauten und zerstörerischen Naturerscheinungen konnten Gottes Größe fassen. Gottes Kennzeichen war das Leise, das Sanfte. Elia, der in engem Kontakt zu Gott lebte, wusste, wo er Gott finden und wie er ihn hören konnte: Er wartete und hörte auf die feinen Zeichen.

So einfach ist das und doch so schwer.

Gisela Konrad

... denn er tut Wunder

Während einer Radtour im Ausland bekomme ich auf einmal starke Schmerzen. Ich kann mein linkes Knie nicht mehr bewegen. Jede Beugung verursacht mir unerträgliche Schmerzen.

Mein Mann und ich machen Rast und beraten, wie wir am besten in unsere Pension zurückkommen. Ich beiße die Zähne zusammen und versuche, Kilometer um Kilometer zu überstehen. Mit vielen Pausen haben wir es schließlich geschafft.

Nur mühsam klettere ich die Treppe zu unserem Zimmer hoch. Ich kann mir nicht vorstellen, jemals wieder hinunterzugehen. Im Bett kann ich nur noch weinen und frage mich: „Warum muss das jetzt sein?"

Da kommt mir die Geschichte aus der Bibel von dem Blindgeborenen in den Sinn. Die Jünger fragen Jesus, wer schuld daran sei, dass der Mann blind geboren ist, und Jesus sagt: „Niemand, sondern Gottes Macht soll an ihm sichtbar werden."

Dieser Satz lässt mich ruhig werden. Das kann Jesus auch heute, seine Macht an mir offenbaren. Er kann mein Bein gesund machen!

Ich rede mit meinem Mann über meine Gedanken und bitte ihn, mit mir zu beten. Wir glauben beide daran, dass Jesus auch heute noch Kranke heilt. Wir bitten Gott, seine Allmacht zu zeigen, und berufen uns auf die Heilung des Blindgeborenen. Wir sprechen Gott unser Vertrauen aus, dass er es tun kann, dass seine Macht heute so groß ist wie damals.

Am nächsten Morgen wache ich auf, schwinge meine Beine vor das Bett, stehe auf, setze mich wieder hin, stehe auf, setzte mich wieder hin. Ich spüre nichts. Die

Schmerzen sind und bleiben verschwunden. Freude und große Dankbarkeit sind in meinem Herzen.

Wir genießen diesen Tag bei langen Spaziergängen. Abends loben und danken wir unserem Gott mit den Worten aus Psalm 53: „Ich aber werde jubeln und mich freuen, wenn der Herr eingreift und mir hilft. Alle meine Glieder werden einstimmen und dich loben, Herr! Niemand ist wie du!"

Gerlinde Jung

Flugnummer 3272

Die Aargauer Zeitung berichtete am 24. Januar 1997 von einem Geschäftsmann aus dem aargauischen Seetal, der eine besondere Bewahrung erleben durfte. Der 54-Jährige war auf einer seiner häufigen Auslandsreisen in den USA unterwegs und wollte von Tulsa über Cincinnati nach Detroit fliegen, um dort einen geschäftlichen Termin wahrzunehmen.

Für den nächsten Tag war der Weiterflug nach Cleveland geplant. Er hatte von Cincinnati bis Detroit durchgecheckt und besaß bereits die Bordkarte für den Flug Nummer 3272 der Delta-Tochter „Comair" von Cincinnati nach Detroit. Nach der Landung in Cincinnati verzögerte sich jedoch wegen des schlechten Wetters der Weiterflug nach Detroit.

Der Mann stellte fest, dass er die Geschäftspartner in Detroit nicht mehr würde aufsuchen können und vereinbarte mit ihnen telefonisch eine Terminverschiebung auf einen späteren Zeitpunkt. Er nahm sich vor, nun gemütlich nach Detroit zu reisen, dort in aller Ruhe zu übernachten und am nächsten Tag nach Cleveland weiterzufliegen.

Als die Verspätung in Cincinnati immer größer wurde, erkundigte er sich beim Bodenpersonal beiläufig, ob es nicht zufälligerweise einen Direktflug nach Cleveland gebe. Man teilte ihm mit, dass in 40 Minuten ein Flugzeug mit freien Plätzen starten werde.

Der Mann buchte um, und sein Gepäck wurde aus der wartenden Turboprop-Maschine vom brasilianischen Typ „Embraer 120“ wieder ausgeladen. Am Abend hörte er dann zu seiner großen Bestürzung in den Fernsehnachrichten, dass seine Maschine, mit der er eigentlich hatte fliegen wollen (Flug 3272), beim Landeanflug auf Detroit im Schneesturm abgestürzt sei. Bei dem Absturz, der vermutlich auf Probleme mit der Enteisungsanlage zurückzuführen war, kamen alle 29 Passagiere ums Leben.

„Zwei Tage später habe ich in Zeitungsnachrufen die Bilder von Menschen wieder erkannt, mit denen ich zusammen in Cincinnati auf den Abflug nach Detroit gewartet hatte“, erzählte der Geschäftsmann später. Noch Wochen nach diesem Ereignis war er zutiefst bewegt, und der Schrecken saß ihm in den Gliedern.

War es Schicksal? War es Zufall? Oder war es Gottes Bewahrung? Diese Frage ging ihm nicht aus dem Kopf.

Rudolf Kunz

Frankfurt

Wir besuchten eine große Jugendtagung in Frankfurt. Ich hatte an den Vorbereitungen teilgenommen und freute mich, aktiv dabei zu sein.

Da mir als Studentin die Übernachtungskosten zu hoch erschienen und meine Freundin aus unserer Heimatstadt nach Frankfurt gezogen war, wollte ich bei ihr übernachten. So sparte ich Geld – und konnte gleichzeitig die Freundin wieder treffen.

Böhnchen, so wurde sie genannt, war Arzthelferin bei einem Facharzt. Sie holte mich vom Bahnhof ab und beschrieb mir den etwa zehnminütigen Weg zum Tagungsort. Ich wollte nämlich gern zu Fuß gehen, und sie hatte bis abends noch in der Praxis zu tun. Am Schluss der Abendveranstaltung sollte ich sie anrufen. Dann wollte sie mich abholen.

Alles verlief wie geplant. Nach dem Schlussgebet verabschiedete ich mich und rief Böhnchen an.

„Du, wir haben einen Notfall! Nimm ein Taxi“, sagte meine Freundin in aller Eile.

Ach was, ein Taxi! Die kurze Strecke laufe ich doch, dachte ich und klapperte los. Damals trug ich gerne hohe Stöckelschuhe.

Voll mit guten Gedanken aus der Tagung erreichte ich das letzte Teilstück meines Weges: eine ziemlich gerade verlaufende Straße, die auf der einen Seite von hohen Bürohäusern gesäumt war; gegenüber lag irgendwo im Dunkeln eine versteckte Villa mit Gartentor. Am Ende dieser Straße, das wusste ich, lag hinter einer leichten Biegung das Eckhaus, in dem sich die Praxis und darüber Böhnchens Wohnung befanden. Zielstrebig bog ich in diese Straße ein. Etwa 100 Meter entfernt mündete eine Querstraße.

Gerade zur selben Zeit fuhr ein Taxi die Straße entlang. Etwas in mir sagte: „Steig ein!“

„Blödsinn!“, dachte ich, „kleine Studentin fährt Taxi ... So weit kommt es noch!“

Das Taxi fuhr die Straße bis ans Ende und kam langsam zurückgefahren, als suche es jemanden. Erneut fuhr es an mir vorbei.

„Nimm dieses Taxi!"

„Unsinn! Ich bin doch gleich da!"

Dreimal erhielt ich die unmissverständliche Aufforderung, dieses Taxi zu benutzen. Als ich mich das dritte Mal dagegen entschied, fuhr der Wagen zügig davon.

Genau in diesem Moment sah ich den Mann. Mit entblößten Genitalien kam er aus der Seitenstraße in „meine" Straße – und sofort wusste ich, dass mir Gefahr drohte. In panischer Angst versuchte ich, ein paar Leute anzusprechen, die gerade in ihr Fahrzeug einsteigen wollten.

„Ich werde verfolgt", sagte ich ihnen. „Könnten Sie mich vielleicht bis zum Ende der Straße fahren?"

Der Mann hatte sich wieder zurückgezogen. Die Angesprochenen hielten meine Bemerkung wohl für einen Scherz und fuhren lachend davon. Da ich also keine Hilfe von ihnen bekam, andererseits aber bemerkt hatte, dass der Mann weiter in meine Richtung gegangen war, überlegte ich fieberhaft, was ich tun konnte. Nein, gebetet habe ich nicht – darauf kam ich in dem Moment gar nicht.

Ich sah mich um. Ganz klar, als wäre ich die Straße schon hundertmal gegangen, stand die räumliche Gliederung vor meinen Augen: Gegenüber leere Büroräume. Leere Häuserhüllen, die keine Hilfe boten. Und auf meiner Seite der Garten mit dem breiten Tor.

Ich versuchte herauszufinden, wo sich der Mann aufhalten mochte. Er hatte die Fahrbahn nicht überquert, war also noch auf meiner Seite. Da hörte ich Kies knirschen – und wusste sogleich, wo er steckte.

In meinem Kopf überstürzten sich die Gedanken. Ich hatte Stöckelschuhe mit Pfennigabsätzen an, konnte allerdings sehr gut damit laufen und sogar rennen, um zum Beispiel eine Straßenbahn noch zu erreichen. Mein Problem war, dass ich zum richtigen Zeitpunkt losrennen musste.

Lief ich zu früh, schaffte ich es nicht vor dem Mann bis zu dem Eckhaus. Lief ich zu spät, saß ich sowieso in der Falle.

Während ich mit diesen Überlegungen beschäftigt war, erhielt ich plötzlich einen Schubs (wirklich!) und rannte, noch ehe ich mich versah, im wahrsten Sinne des Wortes um mein Leben. Er rannte auch, ich hörte ihn hinter meinem Rücken keuchend näher kommen.

Als ich völlig außer Atem die Klingel der Arztpraxis drückte, stand er breitbeinig hinter mir, die Arme rechts und links neben mir auf die Türpfosten gestützt.

Ich hatte meine Hand flach auf alle Klingelknöpfe gelegt und hätte auch auf alle gedrückt, wenn er mich berührt hätte. Mir schien es eine Ewigkeit, bis ich Böhnchens Stimme hörte. Endlich! Da lösten sich seine Hände vom Haus, und er verschwand um die Ecke. Sicher passte er auf, ob ich hereingelassen wurde.

Im Fahrstuhl brach ich zusammen, und es bedurfte einer Spritze, um mich wieder zu beruhigen.

Meine Freundin schüttelte nur vorwurfsvoll den Kopf: „Ich hatte dir doch gesagt, du sollst ein Taxi nehmen. In Frankfurt geht man nachts nicht allein durch die Straßen!

Am nächsten Tag meldeten die Nachrichten, dass ein geflohener Sexualverbrecher wieder gefasst worden sei. In unserer Straße!

Magret Zurbrügg

Sicher nach Hause gebracht

Meine Mutter wohnte im Krieg in Berlin, und ich war als kleines Mädchen stets bei ihr. Wir waren es gewohnt, zusammen in den Luftschutzkeller zu laufen und dort die schrecklichen Angriffe abzuwarten. In Mutters Nähe fühlte ich mich sicher. Sie kannte sich aus, und ich hatte keine Angst, wenn ihre Hand mich hielt.

Aber dann kam die Nachricht, dass alle Kinder aus Berlin in die „Kinderlandverschickung" mussten. Kein Kind durfte in Berlin bleiben. Meine Mutter versuchte zwar, mich zu verstecken, aber die Leute waren aufmerksam. Erst als man ihr drohte, mich gewaltsam in ein Heim zu schicken, ging sie schweren Herzens mit mir zum Bahnhof. Der Abschied fiel mir schwer, obwohl die Schwestern nett waren und sich alle Mühe gaben, uns zu trösten.

Ich kam nach Podjebrad in der Nähe von Prag. Wir Kinder gewöhnten uns rasch an die neue Umgebung. Es war ein riesengroßes Lager mit grauen Häusern und vielen tausend Kindern.

Es fiel mir schwer, mich in die strenge Lagerordnung einzufügen. Mutter hatte mir ganz besondere Unterwäsche geschickt. „Charmeuse" hieß das neue, schicke Gewebe. Wir mussten die Wäsche in den Spinden millimetergenau aufstapeln. Aber meine Wäsche ließ sich nicht so exakt legen – und ich werde nie vergessen, wie mir von den Erzieherinnen immer wieder der ganze Wäschepacken heruntergerissen wurde. Die Frau zog am untersten Wäschestück, das nur einen Millimeter herausragte, und warf den ganzen Stapel aus dem Schrank.

Wie ich das hasste! Aber meine Mutter schickte mir Briefe und Päckchen, und mit der Zeit gewöhnte ich mich an alles.

Nun schwimme ich sehr gerne und konnte auch damals nicht der Versuchung widerstehen, in dem kleinen Dorfweiher zu baden. Natürlich blieb ich viel zu lange im Wasser und wurde schwer krank. Als die anderen Kinder in den Herbstferien heim durften, lag ich mit einer schweren Erkältung im Bett. Aus der Angina entwickelte sich

Gelenkrheumatismus, und alle machten sich große Sorgen um mich.

Ich weinte und wollte auch zu meiner Mutter. „Du darfst zu Weihnachten nach Hause“, sagten die Schwestern. Ich gab erst Ruhe, als sie es mir ganz fest versprachen. Bis Dezember blieb ich im Krankenhaus, genau zwei Tage vor Weihnachten wurde ich entlassen.

Im Lager teilte man mir mit, in einer Stunde würde bereits der nächste Zug fahren. Eilig packte ich meine Sachen und wollte sofort abfahren. Aber da war schon ein Weihnachtspaket von meiner Mutter gekommen.

„Willst du es nicht erst auspacken?“, fragte die Schwester. „Du kannst doch einen Zug später fahren!“

„Nein“, sagte ich in einer Eingebung. „Ich will jetzt fahren. Das Paket packe ich aus, wenn ich zurück bin.“

Man brachte mich mit dem Pferdewagen zum kleinen Bahnhof, wunderte sich über meinen Dickkopf und ließ mich fahren. Ganz allein schaffte ich das viele Umsteigen in verschiedene Züge. Ein Schild um meinen Hals gab mir die Sicherheit, von allen Schwestern auf den Bahnhöfen begleitet zu werden.

Auf dem Anhalter Bahnhof war niemand gekommen, um mich abzuholen. Ich setzte mich auf meinen Koffer und wartete. Nach einer Weile entschloss ich mich, allein in unsere Wohnung zu laufen. Als Mutti die Tür öffnete, starrte sie mich entsetzt an: „Marlis, wo kommst du denn her? Ich hatte doch telegrafiert, du solltest nicht kommen, weil unsere Wohnung durch Löscharbeiten ganz nass ist. Ich habe Angst, dass du wieder krank wirst!“

Und so war es auch. Ein akuter Schub meiner Erkrankung fesselte mich ans Bett, so dass ich den ersten Rücktransport nicht wahrnehmen konnte.

Als ich endlich wieder gesund war, brachte mich Mutter zum Bahnhof. Es war der 11. Februar 1945!

Wieder trug ich ein Schild um den Hals, um sicher anzukommen. Ich hätte viel darum gegeben, nicht fahren zu müssen. Aber Mutter machte mir deutlich, dass sie womöglich ins Gefängnis käme, wenn ich bliebe. Das half. Also lief ich mit, ohne zu zögern.

Auf dem Bahnhof war in der Nacht zuvor eine Bombe eingeschlagen und hatte erheblichen Schaden angerichtet. Der Zug konnte nicht auf dem vorgesehenen Gleis fahren. Wie immer waren wir ein bisschen knapp dran, und Mutter in großer Sorge. Sie fragte eine NS-Schwester, die auf dem Bahnhof Dienst tat: „Wo fährt der Zug nach Dresden ab?"

Ich weiß es noch wie heute. Die Frau sagte nichts, sondern zeigte nur in eine Richtung.

„Das ist sicher falsch", sagte Mutter und wollte einen anderen Weg nehmen. Aber die Frau trat ihr in den Weg und wies sie wortlos in die angegebene Richtung.

Mutter hatte es eilig, der Zug fuhr in wenigen Minuten. Wir rannten auf den Bahnsteig. Aber dort stand kein Zug.

Im selben Moment wurde unser Zug auf einem anderen Gleis ausgerufen. „Der Zug nach Dresden fährt sofort ab. Bitte einsteigen! Wir können nicht warten!" Die helle Stimme des Bahnbeamten klang herüber, und auf mich prasselte ein Wortgewitter nieder. Eigentlich galt es der Schwester, die uns die falsche Auskunft gegeben hatte.

Zu spät! Der Zug war fort, und mein kleines Herz hüpfte insgeheim vor Freude. Mutter war allerdings überhaupt nicht glücklich, sondern voller Angst. Überall suchte sie die NS-Schwester, die uns den falschen Weg gewiesen hatte, um sich den Irrtum bescheinigen zu lassen. Aber wir konnten sie nicht finden. Wir blieben auf dem Bahnhof, bis es dunkel wurde, dann schlichen wir nach Hause.

„Du musst dich jetzt verstecken", sagte Mutter.

„Niemand darf dich sehen, sonst komme ich ins Gefängnis und du ins Heim."

Später saßen wir am Radio und hörten ängstlich die Meldungen über die ankommenden Bomberverbände. Ganz deutlich sagte der Sprecher: „Ein großer Verband fliegt Richtung Berlin ... Nein, er dreht ab und fliegt Dresden an. Ein ungewöhnlich großer Verband greift Dresden an!"

Seine Stimme überschlug sich. Warnmeldungen kamen durch den Äther. Später folgten weitere Nachrichten. Die Kinderlandverschickungslager waren aufgelöst worden. Viele Züge waren Richtung Dresden unterwegs. Die Kinder mussten sich auf eigene Faust ihren Weg nach Hause suchen.

Mutter starrte auf das Radio. Sie war kalkweiß. Stumm nahm sie meine Hand und zog mich an sich. „Kind, du wärst in den Angriff hineingefahren – und ich hätte dich nicht wiedergesehen", stammelte sie und weinte.

Von meinen Kameraden und Kameradinnen im Heim habe ich nie wieder etwas gehört.

Meine Mutter wurde oft gefragt: „Wie haben Sie Ihr Kind wiederbekommen?"

Sie wusste keine Antwort. Ich bin überzeugt, dass es Gottes Bewahrung war.

Marlis Ackermeier

Fügung

Es klingelt. Kathi öffnet, und mein älterer Bruder stürmt ins Zimmer. Ich sitze über irgendeiner Arbeit, meine Mutter liest die Zeitung. Es ist noch früh am Morgen.

„Mutti, jetzt musst du wirklich fest für mich beten. Ich fliege gleich nach Hamburg. Es kommen Filmleute aus den USA und wollen einen Vertrag mit mir abschließen. Es geht um viel Geld. Ich möchte nicht, dass ein anderer das Rennen macht. Du weißt ja, wie schlecht es mir zurzeit finanziell geht."

Meine Mutter sagt: „Wenn es zu deinem Besten ist, Theo ... Ich wollte sowieso gerade beten."

Mein Bruder beugt sich zu ihr nieder, und sie zeichnet ihm wie in der Kindheit ein Kreuz auf die Stirn. „Gute Reise", sagte sie. „Komm gesund zurück!"

Und ihr Sohn verlässt grüßend das Zimmer. Wir hören die Wohnungstür zuschlagen, und jeder von uns beschäftigt sich weiter mit seiner Arbeit.

Ich weiß nicht mehr, warum ich an diesem Morgen daheim war, aber ich kann mich erinnern, als wäre es gestern gewesen. Etwa um halb eins klingelt es wieder. Theo stürmt ins Zimmer, wütend!

„Also dein Beten war nicht gerade erfolgreich! Der Zubringerbus, der die Reisenden vom Bahnhof zum Flugplatz bringt, ist im Verkehr stecken geblieben! Und was nun? Wir haben natürlich das Flugzeug verpasst! Jetzt wird einer von den Konkurrenten den Vertrag abschließen ... und der wäre für mich so wichtig gewesen! Das hätte der liebe Gott eigentlich wissen müssen! Du hast doch sonst so einen guten Draht zu ihm!"

Theo ist wirklich außer sich!

Meine Mutter versucht ihn zu beruhigen: „Jetzt zieh erst einmal deinen Mantel aus und setz dich an den Tisch! Du kannst mit uns essen!"

Vater kommt aus seinem Arbeitszimmer. Kathi bringt das Essen. Mein Bruder brummelt immer noch vor sich hin.

„Ruhe!", sagt mein Vater. „Die Nachrichten!"

Ein Uhr. Es ist ein ungeschriebenes Gesetz in der Familie, dass während der Nachrichten absolute Stille herrschen muss.

Das Übliche. Plötzlich: „Die deutsche Luftfahrt erlebte heute Vormittag einen schweren Verlust. Die Maschine von München nach Hamburg ist abgestürzt. Es gibt keine Überlebenden. Unter den Toten sind nach Angaben der Fluggesellschaft auch einige Angehörige der Familie Tschechowa."

Den Rest der Nachrichten hat wohl nur mein Vater zu Ende gehört.

Wir anderen drei sind betroffen, geschockt! Theos Maschine!

Meine Mutter blickt ihren Sohn sehr ruhig an und sagt: „Na, Theo?"

Uns allen hat es die Sprache verschlagen.

Ich grüble: Was will Gott von ihm? Wozu wurde er gerettet?

Maria de Yupanqui

Bandscheibenvorfall

Es ist inzwischen zwölf Jahre her – und ich weiß genau, wie es anfing. Ich war auf einer Lehrertagung in Schwäbisch-Hall und ging über die Straße, um einzukaufen. Plötzlich konnte ich meine Beine nicht mehr bewegen. Ein Nerv hatte sich verklemmt, und ich spürte meine Beine nicht mehr.

Von einem Augenblick auf den nächsten war ich auf fremde Hilfe angewiesen. Ich sprach Passanten an und bat sie, mir zu helfen. Aber sie nahmen mich nicht ernst und lachten nur. Das war sehr bitter für mich: auf Hilfe angewiesen zu sein und zu spüren, dass man mir nicht glaubte. Ein Polizist hat mir schließlich geholfen und mich zum Arzt gebracht. Der konnte mir helfen.

Leider wurde es kurz darauf wieder schlimmer – bis ich mich eines Tages gar nicht mehr vom Bett erheben konnte. Schwerer Bandscheibenvorfall hieß die Diagnose.

Lange Zeit war ich auf Hilfe angewiesen. Beim Anziehen, Umziehen, Waschen, Baden ... einfach überall musste ich mir helfen lassen. Das war keine leichte Erfahrung!

All die Vorurteile, die Menschen Behinderten entgegenbringen, habe ich in dieser Zeit am eigenen Leib erlebt. Ja ich merkte sogar, wie schwer Mitleid sein kann. Man muss selber etwas tun dürfen ... Und nichts ist schlimmer, als wenn einem alles abgenommen wird, weil man behindert ist.

Im Solebad bin ich mühevoll wieder auf die Beine gekommen. Heute kann ich durch gezielte Gymnastik wieder recht gut laufen und alleine zurechtkommen. Aber lange sah es so aus, als wäre ich für immer auf fremde Hilfe angewiesen.

Solche Phasen gibt es im Leben. Sie sind schwer zu ertragen, aber nur so lernen wir die ganze Bandbreite des Lebens verstehen. Gott kennt uns gut genug, um zu wissen, wann wir allein laufen können und wann wir Hilfe brauchen. Er weiß das viel besser als wir selbst.

Nur ein Beispiel: Vor vielen Jahren sah ich eine alte Frau gebeugt unter einer schweren Last Holz nach Hause gehen.

Natürlich bot ich ihr meine Hilfe an, aber sie blieb lächelnd stehen und antwortete: „Junger Mann, Sie nehmen mir mein Tagwerk!“

Das habe ich nie vergessen. Deshalb biete ich Hilfe an, wenn ich sie für nötig halte, aber ich habe volles Verständnis, wenn mein Angebot abgelehnt wird. Das kann so viele

Gründe haben, und sei es nur, dass jemand seine Probleme und Schwierigkeiten gerade allein lösen will.

Manchmal denke ich, Gott ist genauso und wartet darauf, dass wir bitten. Er kennt uns aber gut genug, um auch einmal sagen zu können: „Ich nehme dir die Last jetzt nicht ab, denn du schaffst es allein."

Auch das muss man akzeptieren und verstehen lernen.

Gottfried Zurbrügg

Warum?

Warum? Nur dieses Wort steht auf einem flachen Grabstein im Hotzenwald. Eine Frage, auf die es keine Antwort geben kann. Eine junge Frau, Mutter von vier kleinen Kindern, fiel hier einem Mordanschlag zum Opfer. Ihre Eltern waren gläubige Menschen, und gerade deshalb ließen sie dieses Wort in den Stein meißeln.

Warum?

Warum lässt Gott das zu?

Warum beantwortet er nicht alle Gebete?

Warum werden Gebete so oft nicht erfüllt?

So viele Fragen. Wir können keine Antwort darauf geben.

Auch ich stand einmal am Grab eines meiner Kinder. Die Kleine war nur ein halbes Jahr alt geworden. Das halbe Jahr war erfüllt von Hoffen und Bangen und Ringen um das junge Leben. Immer wieder haben wir unsere kleine Cornelia ins Krankenhaus bringen müssen, und immer wieder durften wir sie holen, weil doch Hoffnung da war. Dann hatten wir sie wieder zu Hause. Sie lag im Körbchen und glühte vor Fieber. Wieder war eine Lungenentzündung trotz aller Pflege durchgekommen. Wir standen am Körbchen, kühlten abwechselnd mit Tüchern den kleinen Körper und stellten uns die Frage „Warum?".

Cornelia ertrug alles geduldig und schrie nicht. Wann immer sie bei Sinnen war, lächelte sie wie ein kleiner Engel, als wollte sie uns trösten. Der herbeigerufene Arzt schlug uns vor, sie erneut ins Krankenhaus zu bringen. Wir wussten Bescheid und fragten: „Gibt es noch Hoffnung?" Er verneinte stumm. „Dann soll sie zu Hause sterben dürfen!" Wir mussten uns nicht ansehen, um zu wissen, dass wir uns einig waren.

Cornelia starb, als ich in der Kirche morgens meinen Dienst tat. Als ich nach Hause kam, stand das Körbchen in einem abgedunkelten Raum, die Vorhänge waren zugezogen. Cornelia lag ganz still und friedlich. Wir mussten Abschied nehmen.

Bei der Beerdigung trugen wir junge Eltern keine Trauerkleider, um allen zu zeigen, dass wir nicht verzweifelt waren. Wir wollten dankbar sein für die Zeit, die Cornelia bei uns sein durfte. Es fiel uns schwer, aber an ihrem Grab wurden Dankesworte gesprochen für unser kleines Kind, das uns ein halbes Jahr erfreuen konnte.

Auf ihrem Grabstein steht ihr zweiter Name „Dorothea", Geschenk Gottes. Wir haben noch ein weiteres Kind haben dürfen – und nach und nach ist der Schmerz über den Verlust vergangen. Geblieben ist die Dankbarkeit.

In dieser schweren Zeit habe ich mir vorgenommen, niemals zu klagen, wenn Krankheit und Misserfolg mich heimsuchen. Ich wollte dankbar sein für die gesunde Zeit, die ich erleben durfte. Es wurde mir nicht leicht gemacht. Mit 25 Jahren bekam ich die Diagnose Multiple Sklerose, die sich zum Glück als falsch erwies. Mit 30 Jahren blieb mein Herz oft stehen und wir dachten an einen Schrittmacher, mit 40 bekam ich einen schweren Bandscheibenvorfall und konnte ein halbes Jahr nicht gehen, weitere Krankheiten folgten und vergingen. Heute kann ich gut leben und arbeiten. Aber ich will die Frage „Warum?“ nie stellen.

Gott weiß, was wir brauchen, bevor wir ihn bitten, heißt es in der Bibel. Trotzdem will er gebeten werden. „Bittet, so wird euch gegeben werden!“

Die Antwort auf das Gebet kann so anders aussehen, als wir meinen. Das bezeugen die Erlebnisse, die verschiedene Menschen für dieses Buch aufgeschrieben haben. Es gibt kein „Warum“ zu Gottes Entscheidungen.

Einer meiner Urgroßväter stand am Grab von vier Kindern, die in einer Nacht gestorben waren. Er sagte – wie Hiob: „Der Herr hat es gegeben, der Herr hat es genommen. Der Name des Herrn sei gelobt.“

Gebete sind kein Selbstbedienungsladen, mit dem wir uns holen, was wir zu brauchen meinen: Geld, Erfolg, Anerkennung, gesellschaftliche Stellung oder ein neues Auto. Das Größte, das wir bekommen – und ziemlich sicher bekommen –, ist der „Friede, der höher ist als alle Vernunft“. Dann haben wir genügend Kraft, um das zu meistern, was immer uns auferlegt wird.

Gottfried Zurbrügg